趣谈

汉语修辞格的语用艺术

孙汝建
陈丛耘
著

谈吐风趣幽默
明了辞格语用

中国财政经济出版社

图书在版编目（CIP）数据

趣谈——汉语修辞格的语用艺术／孙汝建，陈丛耘著.
—北京：中国财政经济出版社，2015.3
ISBN 978-7-5095-5916-1

Ⅰ.①趣… Ⅱ.①孙… ②陈… Ⅲ.①汉语-修辞-研究
Ⅳ.①H15

中国版本图书馆 CIP 数据核字（2014）第 298486 号

责任编辑：郭慧珍　　责任校对：徐艳丽
封面设计：王　宇　　版式设计：兰　波

中国财政经济出版社 出版
URL：http：//www.cfeph.cn
E-mail：cfeph @ cfeph.cn

社址：北京市海淀区阜成路甲 28 号　邮政编码：100142
发行处电话：88190406　财经书店电话：64033436
北京中兴印刷有限公司印刷　各地新华书店经销
880×1230 毫米　32 开　5.875 印张　129 000 字
2015 年 3 月第 1 版　2015 年 3 月北京第 1 次印刷
定价：22.00 元
ISBN 978-7-5095-5916-1/H·0090
（图书出现印装问题，本社负责调换）
打击盗版举报热线：010-88190492、QQ：634579818

前言

1981年6月，我在江苏省语言学会成立大会上提出：汉语修辞研究要注意区分修辞学与修辞术。修辞学主要研究修辞观、方法论、修辞原则等基本理论问题；修辞术主要研究具体的修辞手段或修辞方法、修辞技巧。修辞学与修辞术是“你中有我，我中有你”，两者各有侧重。修辞学侧重于理论探索，修辞术侧重于修辞的具体方法。陈望道先生把修辞分为积极修辞和消极修辞，生动形象属于积极修辞，文从字顺属于消极修辞。但是，无论是积极修辞还是消极修辞，两者都有修辞学与修辞术的分野。汉语修辞格的研究介于修辞学与修辞术之间，既有理论研究，又有修辞手段、修辞方法、修辞技巧的研究。

本书研究的修辞格大多属于积极修辞，自然就应该追求生动活泼的语用艺术境界，至少要在以下几个方面体现出特色。

第一，在语料的选择上，立足汉语，兼顾汉译，语料生动有趣，贴近社会生活。以往的同类著作研究汉语修辞格，大多采用汉语语料，这本身没有错。但是在跨文化交际的今天，大批海外留学生到中国来学汉语，大批中国人到海外去教汉语，中国与世界各国的经济、文化交往日益频繁，在“你来我往”中，汉语与其他语言的融合不断加剧。本书以汉语语料为主，适当吸收汉译的语料，这可以使不同文化背景的读者在语感上能体会不同语言之间的同质与异质，进而对不同语言的语料相互比照。本书精选语料的标准是生动活泼、贴近社会生活，以此增强亲和力和趣味性，激发读者的阅读兴趣，因为兴趣是最好的老师。

第二，在方法、角度的选择上，本书以比较法为主线，从现代汉语修辞格谈语用艺术。以往的同类著作研究汉语修辞格，大多有一个通病：不通过比较就大讲汉语修辞格的特点。事实上，没有比较就没有鉴别，没有比较就没有特点。我说你个子高，是跟个子矮的人比较的。我说你矮，是与个子高的人比较的。以往讲汉语修辞格的特点，一会儿讲“个子高”，一会儿讲“个子矮”，弄得读者云里雾里，国外读者更是雾里看花。本书采用比较法，“传统”但不老旧，用生动有趣的语料，将52种辞格分为35组，一一阐述辞格的语用艺术，在比较中辨别易混辞格的异同，从语用学、跨文化交际角度，分析影响汉语修辞格运用的社会、文化、心理等因素。

第三，在表达方式上，力求文笔活泼，语料鲜活，理趣结合，便于阅读。本书呈现给读者的不是一本艰涩难读的理论著作，而是让中外读者在趣味盎然的氛围中阅读本书，在生动活泼的表达中体悟和把握汉语与其他语言在辞格上的异同。

笔者长期从事汉语修辞格的研究。1988年9月，东南大学出版社出版了我和陈丛耘教授合著的《言语技巧趣话》，书中集中介绍言语技巧37种。这本被学界称为“研究现代汉语修辞格较全的著作”，被宗廷虎、袁晖主编《汉语修辞学史》（安徽教育出版社1990年10月第一版）收入附录《汉语现代修辞学著作目录》，该目录收录了20世纪初到1990年有关现代汉语修辞学著作300余种。

2002年4月，韩国新星出版社出版了我的《修辞理论与修辞方法》一书，其中第十六章介绍了36种修辞方法。

2007年1月，中国轻工业出版社出版了我的《口语交际理论与技巧》，第三章、第四章介绍了35种修辞技巧。

2010年8月，重庆大学出版社出版了我任副主编的《秘书语文基础》，我在第二章第二节介绍了36种常用修辞格。

在借鉴前贤研究成果和吸纳笔者前期同类成果的基础上，我们草成本书。由于时间、精力和学养有限，书中不足在所难免，还望读者雅正。

孙汝建

2014年10月

目
录

目
录

歧解 伸缩

歧解

某俱乐部召开主题为“怎样使婚姻幸福?”的讨论会，海报中有这样一句话：“你和你丈夫之间有什么共同之处?”有人在这句话下面加了一个批注：“我们俩都是同一天结婚的。”

“共同之处”有多种理解，在特定的上下文中有特定的含义。戏谑者故意用“同一天结婚”来揶揄，这种修辞方法叫歧解。

传统修辞学中有一种辞格，惯称“曲解”，它是指在写文章或说话时，对某些词语的意思有意进行歪曲解释。其实，除了“曲解”之外，还有“误解”。曲解是有意的，误解是无意的。传统修辞学未能将“误解”拈出。我们提出“歧解”一格，它包括了“曲解”和“误解”两类。

曲解是对某些语句的意思有意地加以歧解。

例如：有一次朱熹去会他的老朋友盛温如，盛温如正提着一只篮子准备上街。他们互相招呼后，朱熹问道：“你上哪儿去?”“去买东西。”朱熹又问：“难道不能买南北?”盛温如说：“东方属木，西方属金，凡属木类、金类，这个篮子就装得，南方属火，北方属水，火类、水类，这个篮子就装不得。所以只能买东西，不能买南北。”

“东西”一词有两种解释：一为方位，一为物体。朱熹在这里故意将“东西”歧解为方位，引出了“难道不能买南北？”的发问，而盛温如顺手牵羊，就“东西”的“方位”意义加以阐发，自圆其说，妙趣横生。

又如：林肯在学校读书时，有一次考试，老师问他：“林肯，你是愿意考一道难题呢，还是考两道容易的题呢？”“考一道难题吧。”“好吧，那你回答，”老师问：“蛋是怎么来的？”“鸡生的呗！”林肯答道。“鸡又是从哪里来的呢？”“老师，这已是第二个问题了。”林肯说。

“蛋是怎么来的”和“鸡又是从哪里来的”，本是一道题中的两个相关联的问题，林肯有意加以曲解，故意回避“鸡又是从哪里来的”这样的问题。

误解是指无意之中形成的歧解。

例如：有一个人跑到警察局报告他的家被盗了，警官问他：“您亲眼看见那个小偷了吗？”“看见了，当时我正在屋里睡觉。”“那个人有什么特征？”他想了一会儿，回答说：“那个人左耳上叮着一只可怕的大绿头苍蝇。”

报案人不理解“特征”的含义，误解了“特征”一词，将非本质的东西当作本质的东西来叙述。

又如：督学到学校巡视，与学生交谈间随口问道：“你知道阿房宫是谁烧的吗？”学生一脸惶恐，连声说：“不是我烧的。”校长虽不解“阿房宫”是怎么回事，但很平静地说：“鄙校学生一向诚实，既然他说不是他烧的，就一定不是他烧的。”盛怒之下，督学写了一封信给教育局局长，禀明原委，局长即刻复函说："烧掉就算了，再拨经费重建阿房宫。"

"学生"、"校长"和"局长"都不理解"阿房宫"为何物，小品用误解法巧妙地讽刺和抨击了腐朽的封建教育制度。

曲解和误解都可以产生歧解的表达效果，但在具体的言语活动中，曲解和误解是可以套用的。

例如：有个轿夫不会说客套话，有一次他和另外几个轿夫把一位秀才抬上山后，轿夫问道："请问相公，'令尊'是什么意思。"秀才捉弄他说："这'令尊'二字么，是称呼人家儿子的。"说完偷偷地掩嘴而笑。轿夫信以为真，就同秀才讲起客套话来："相公家里有几个'令尊'呢?"秀才气得脸发白，但又不好发作，只好说："我家里没有'令尊'。"轿夫以为他真的没有儿子，很替他难过，便恳切地安慰道："相公没有'令尊'，千万不要伤心，我家有四个儿子，挑一个去做'令尊'吧。"

秀才曲解"令尊"以戏轿夫，而轿夫误解了"令尊"，产生了一连串的笑话。

歧解是利用了言语的歧义性，言语的歧义性是歧解的基础。构成歧解的方式主要有以下 5 种。

1. 利用同音词构成歧解

如：从前有一位先生，想考一考学生。他问学生："郑成功这个人熟悉吗?"许多学生一时答不出来，只有一个学生说："先生，郑成功这个人我不熟悉，郑成功的母亲我熟悉，她是失败，失败是成功之母。"学生听了都张嘴大笑起来。

这两个"成功"是同音词，词义相异，作者正是利用了这一特点，故意曲解"成功"一词，达到幽默诙谐的效果。

2. 利用多义词构成歧解

如：妈妈叫儿子到食品商店去买两斤鸡蛋，再三嘱咐：“要认真挑选，不要坏的。”不一会儿，儿子把鸡蛋买回来了，妈妈一看，吃惊地问：“怎么都打破了？”儿子说：“我怕有坏的，一个个都打开看了，没有坏的。”

“不坏”在这里有两种理解：妈妈理解的“不坏”是指“不变质”和“不破损”；儿子理解的“不坏”仅仅是“不变质”，而忽略了“不破损”，结果将鸡蛋一个个打破了。

3. 利用句法关系的不确定性构成歧解

（1）修饰关系。如“几个营的干部都来到前沿”。在语义表达上可产生两种理解：第一，“几个”修饰“营”，可以理解成“来自几个营的干部（不一定是营级）来到前沿”。第二，“几个”修饰“营的干部”，可以理解成“几个营级干部来到前沿”。

（2）动宾关系。如“处分了你的班长”。如果“处分”和“你”构成动宾关系，就可以理解成“处分了你的那个班长”；若“处分”和“你的班长”构成动宾关系，则可以理解成“受处分的是你的班长”。

（3）并列关系。如：“小李和小张的朋友”。该句有两种理解：A. 小李和一位朋友，这位朋友是小张的朋友。B. 这位朋友既是小李的朋友，又是小张的朋友。

（4）介宾关系。如“关于鲁迅的著作”。“关于”所涉及的范围如果是“鲁迅”，则可理解为“关于鲁迅生平事迹思想等方面的著作”；如果“关于”涉及的范围是“鲁迅的著作”，则可理解为“关于鲁迅自己写的著作”或“关于鲁迅自己拥有的著作。”

（5）施受关系。如“反对的是他。”“他”作施事，表示“他反对”；“他”作受事，则表示“他被反对。”

4. 利用句读构成歧解

如：有一位秀才应聘到财主家做私塾先生，秀才深知财主的吝啬，立契时写道："无鸡鸭也可无鱼肉也可素菜一碟足矣。"东家听后大为高兴，即刻在契约上签了字。秀才几天后到任，见招待甚差，便拿契约找财主理论："契约上明明写着'无鸡，鸭也可；无鱼，肉也可，素菜一碟足矣。'你怎么不按契约行事呢？"

秀才在立契约时，故意使用白文，即不加标点，并口头断句，让财主在契约上签字后，再做另一种断句，以戏弄财主。

5. 利用特定语境构成歧解

如：姐夫个性木讷寡言，与内向的姐姐正好是天生的一对，婚前两人同事三年，彼此虽然有意，却没有勇气表白，后来在同事的安排下，他们开始约会了。姐姐羞怯地问道："为什么每次我们四目相投的时候，我总觉得你的眼里有很特别的东西？"姐夫脸红红地回答："哎呀！你怎知道我有沙眼的？不过请放心，医生说差不多已经痊愈了"。

在特定的语境中，姐夫听到"你的眼里有很特别的东西"的问话，心慌意乱地道出了自己曾患过沙眼病。

歧解法利用了语言的歧义性，这种歧义性可以表现于词、短语、句子、语境中。巧妙地运用歧解，能产生理想的交际效果，或造成幽默诙谐的言语特色，或轻松愉快的谈话气氛，或达到辛辣讽刺的艺术效果。

伸缩

四位考生想知道考试成绩如何，就前去算命，算命先生只说了一个字“一”。考试成绩公布后，有一位考生成绩不及格。有人问算命先生为什么算得那么准，“很简单。”算命先生说：“如果一位及格，就是一个及格；如果两位及格，就是一半及格；如果三位及格，就是一个不及格；如果全及格，就是一个也没有不及格。”

算命先生用“一”字概括了有可能发生的四种情况。在言语表达时，故意不把话说得绝对，理解上可上可下、可宽可窄、可此可彼、留有余地，这种修辞方法叫作伸缩。伸缩有两种情况。

1. 用语义不确定的语句构成伸缩

如：李子不一定落在李子树周围，苹果不一定落在苹果树附近。

少言寡语不一定大智若愚，谈笑风生未必就是不严肃认真。

美人儿不一定心灵空虚，傻大姐不一定能有好命。

恋人儿不一定一帆风顺，单身汉不一定永远不幸。

真正的爱情不一定就只有一次，两次三次的爱情也有可能。

真理不总在长者手里，年轻人的话有时也不妨听听。

金钱不一定带来不幸，两手空空就值得高兴？

这首题为《不一定》的短诗使用了“不一定”、“未必”、“有可能”、“有时也不妨”等意义不确定的词语，分层阐述了可能发生的情况。这首诗采用意义不确定的词语构成伸缩，全诗蕴含着丰富的生活哲理。

2. 对要谈及的对象避而不谈

甲：你干什么？写信吗？

乙：是的，这封信真难写！我姨妈前几天寄来一件礼物，祝贺我的生日，现在我想写一封信感谢她，但我记不起她寄来的是什么礼物。

甲：这有何难的？你这样写："亲爱的姨妈，谢谢你寄给我的极好的礼物。你给我的礼物正是我梦寐以求的，我真奇怪，你怎么知道我的心思？祝您健康！"

写信人要给姨妈回信，感谢她寄来的礼物，但记不起是什么礼物了，只好在信中避而不谈，用"极好的礼物"来搪塞以构成伸缩。

伸缩法的基础是利用了言语的模糊性。事物的大小、多少、高低、长短、快慢、粗细、深浅、宽窄、厚薄、浓淡、远近等是相对的，像"早晨、上午、下午、傍晚"这些表示时间概念的词语就没有严格的界限。客观事物的相对性带来了人们主观认识的模糊性。如"黄昏"一词，《现代汉语词典》和《四角号码词典》对它的解释都不一致。

《现代汉语词典》：日落以后星出之前的时候。

《四角号码词典》：日落天将晚的时候。

客观事物的相对性和由此产生的认识上的模糊性为伸缩法的运用提供了基础。言语交际中既需要精确的表述，也需要模糊的表述，模糊表述在言语交际中起着不可忽视的作用。我们可以艺术地运用伸缩法，把话说得留有余地，或故意不把话说死，以达到特定的表达效果。

【辨析】

歧解与伸缩

歧解是有意或无意地歧解某些语句的意思，有意的歧解叫曲解，无意的歧解叫误解，两者的区分是以表达者的主客观意图为依据的。伸缩是故意不把话说得绝对，理解上可上可下，可宽可窄、可此可彼，它是一种留有余地的表达方法；歧解的基础是利用了言语的歧义性，伸缩的基础是利用了言语的模糊性。

婉曲 讳饰

婉曲

“交通安全周”期间，某市交通部门贴出标语：“阁下驾驶汽车，时速不超过三十公里，可以欣赏本市的美丽景色；超过六十公里请到法庭作客；超过八十公里，欢迎光临本市设备最新的医院；上了一百公里，祝您安息吧！”

标语以婉曲的手法，告诫人们要按规定的时速行车，否则会引起不同程度的不良后果。

在言语活动中，说话人有时故意不说出本意，只叙述与本意相关或相类的事物，含蓄地道出本意，这种表述方法叫婉曲。婉曲分为暗示和折绕。

1. 暗 示

暗示是用与本意相关的语句旁敲侧击，让对方猜得透本意。越剧《梁山伯与祝英台》中的《十八相送》里有这样一段唱词：

祝：（唱）出了城，过了关，但只见山上樵夫把柴担。

梁：（唱）起早落夜多辛苦，打柴度日也艰难。

祝：（唱）他为何人把柴打？你为哪个送下山？

梁：（唱）他为妻儿把柴打，我为你贤弟送下山。

祝：（唱）过了一山又一山。

梁：（唱）前面到凤凰山。

祝：（唱）凤凰山上百花开。

梁：（唱）缺少芍药共牡丹。

祝：（唱）梁兄若是爱牡丹，与我一同把家归，我家有支好牡丹，梁兄要摘也不难。

梁：（唱）你家牡丹虽然好，可惜是路远迢迢怎来攀。

祝：（唱）青青荷叶满水塘，鸳鸯成对又成双，梁兄啊！英台若是女红妆，梁兄愿不愿配鸳鸯。

梁：（唱）配鸳鸯，配鸳鸯，可惜你，英台不是女红妆。

……

幕后合唱：过了河滩又一庄，庄内黄狗叫汪汪。

祝：（唱）不咬前面男子汉，倒咬后面女红妆。

梁：（唱）贤弟说话太荒唐，此地哪有女红妆，放大胆子莫惊慌，愚兄打犬你过庄。

祝：（唱）眼前还有一口井，不知井水有多深？

梁：（唱）井水深浅没关紧，你我赶路最要紧。

祝：（唱）梁兄来，你看井底两个影，一男一女笑盈盈。

梁：（唱）愚兄明明是男子汉，你为何将我比女人？

幕后合唱：过一井来又一堂，前面到了观音堂。

祝：梁兄，可到堂前一拜呀？

梁：好哇！（唱）观音堂，观音堂，送子观音坐上方。

祝：（唱）观音大士媒来做，我与你梁兄来拜堂。

梁：（唱）贤弟越说越荒唐，两个男子怎拜堂？

祝英台女扮男装去杭州读书，“三载同窗情似海，山伯难舍祝英台，相依相伴送下山，又向钱塘道上来。”祝英台用暗示法向山伯吐露爱慕之情。一路上，英台不说本意，只涉及与之有关的事物情境，因境设问，缘事传情，旁敲侧击启迪山伯，“呆头鹅”梁哥哥竟启而不发，不明真情。

2. 折绕

所谓折绕，就是在言语交际中，故意绕一个或几个弯子来托出本意。小幽默、小品文常常采用折绕法。如：

一位病人问医生：“大夫，请告诉我，做什么样的练习对减肥最有效?”

“转动头部，从左到右，然后从右至左。”医生回答说。

“什么时候做呢?”

“当别人款待你的时候。”

病人询问医生：做什么练习对减肥最有效？医生完全可以用“节食”两个字做正面回答，而医生没有这样做，却绕了两个弯子：“从左到右，从右到左，不停地转动头部”这是讲摇头，摇头表示否定，什么情况下摇头呢？“当别人款待你的时候”，这两个弯子所托出的本意就是“节食”，医生有意地折绕，比正面回答更含蓄、更幽默、更耐人寻味。反之，如果医生直截了当地用“节食”二字来回答病人，这只能是病人和医生的简单对话，而不是幽默小品了。

讳饰

刘庸是乾隆皇帝的宠臣。一天，刘庸问乾隆："万岁，今年贵庚几何？"乾隆回答："朕今年四十有五，属马。你呢？"刘庸回答："臣也四十有五，属驴。"乾隆感到惊奇，又问："朕属马，爱卿怎么属驴？"刘庸讨好地说："万岁属马，臣怎敢同属，只好属驴了。"

刘庸自称"属驴"是因为讳饰的缘故。

讳饰又叫避讳，是指说话人碰到犯忌触讳的事物，不直接称说，而用其他话语来修饰和替换。

我国封建社会对于帝王和尊长之名，在言语表达上要避讳。当朝的皇帝和被尊为"至圣"的孔子之名全国避之，谓之国讳或公讳。祖先和父亲的名字全家要避讳，称为私讳或家讳。避讳的方法是改用音同或音近的字，或原字缺笔书写，或在姓和名中间加上"讳"字。

秦始皇名"政"与"正"同音，"正月"读作"征月"，写作"端月"。汉文帝名"恒"，"恒山"改为"常山"。"嫦娥"本为"姮娥"，因西汉时为避汉文帝刘恒的讳而改称"嫦娥"，又称"常娥"。

汉吕后名"雉"，"雉鸟"改名为"野鸡"。唐太宗名为李世民，唐人行文用"代"来代替"世"，用"人"代替"民"；"观世音"简称"观音"；"民部"改为"户部"。

宋时有个州官叫田登，自讳其名，州境之内皆呼"灯"为"火"，上元放灯，吏人书榜揭于市曰："本州依例放火三天"，时人讥曰："只许州官放火，不许百姓点灯。"

孔丘的"丘"，读为"孔某"，也是为了避讳。《儒林外史》中范进中了举人，报喜时不直称"范进"，而称"范讳进"。

不仅仅是古代，现代人也有避讳的心理和习惯，特别是对不吉利的事物往往要避而讳之。

如：有一个不善于说话的人，一天，邻居家生了一个孩子，大家都前去祝贺，他也去了，主人见他来了，怕他说漏了嘴，赶紧让他进屋喝酒，他也自知口才不好，就光顾吃东西不作声，直到喝完了酒，他才对大家说："你们听见了吧！我今天可什么也没说，这小孩要是死了，可别怨我！"气得主人目瞪口呆。

邻居对"死"非常忌讳，为了避讳，才将那"口才不好"的人打发去喝酒，谁知他无意之中竟冒出一个"死"字来，一字犯讳，令人啼笑皆非。

避讳不仅仅是汉民族的心理习惯，外族人也有避讳的心理和习惯。日本人拒绝接受装饰着狐或獾的图案的礼品，他们认为狐狸象征贪婪，獾代表狡诈。在拉丁美洲国家，黑色和紫色是忌讳的颜色，手帕和刀剑都从不送人的，因为手帕和眼泪连在一起，而刀剑暗示友情的完结。

可见，避讳是一种民族心理现象，它同时反映在言语交际中。

【辨析】

婉曲与讳饰

两者都不直接说出本意，而是换一个角度来说本意。婉曲是用相关或相类的事物来暗示，或绕个弯子间接地托出本意；讳饰是用其他的称谓取代犯忌的事物。

对比 衬托 跳脱 衬跌

衬跌

有一个“伤心的故事”，你听后准会发笑。

有三个人来到纽约度假，他们走进一座高层旅馆，订了一间套房，房间是在大楼的四十五层。

傍晚，三个人外出看戏。回旅馆时已是夜深人静了。“真对不起，”旅馆服务员说：“今晚我们所有的电梯都出了毛病。若诸位不打算徒步回房间，我们会想点办法，给你们在大厅找个安顿的地方。”“不必，不必。”其中一人说：“太谢谢您了，我们不想在大厅里过夜，自己走上去就行了。”然后他转过身对两位同伴说：“爬上四十五层楼，谈何容易。不过我知道怎样由难变易。一路上，我负责给你们讲笑话。然后安迪，你给咱们唱几首歌。还有你，彼得，给咱们讲几个有趣的故事。”

于是，三个人开始往上走。汤姆讲笑话，安迪唱歌，好不容易爬到三十四层。大家疲惫不堪，决定先休息一下。

“喂”汤姆说，“现在该轮到你了，彼得。一路上笑话听过了，该给咱们讲个长一点的故事，情节要有趣味，最后来个使人伤心的结尾。”

“那我就照你们的要求，讲一个使人伤心的故事吧。”彼得说：

“故事不长，却让人伤心极了，我们把房间钥匙忘在下面大厅啦！”

这则故事之所以令人捧腹，是因为它运用了衬跌的表达方法。

所谓衬跌，是指不先说出正意，而是先用一句或几句话作陪衬，然后急速顿跌，说出正意，或者先将读者引入一个思路，然后突然一“跌”，转入另一个思路，产生“意料之外，情理之中”的言语表达效果。如上例，本来的思路是：汤姆要彼得讲个故事，要求有一个伤心的结尾，而彼得突然想起房门的钥匙忘在三十四层下的底楼，思路由故事跌入现实，真是使人伤心透了。衬跌的运用，有这样三种情况：

1. 衬跌作为情节安排的一种方法

衬跌作为情节安排的一种方法，常常出现于带有情节性的言语交际中，使情节曲折起伏，跌宕有致。如，有一篇短文题为《没有预告的电视剧》：

“爸爸，快来看！电视剧。”

爸爸听见儿子大惊小怪的叫喊声，赶紧跑进房间。

电视屏幕上，有一男一女正漫步在万紫千红的花园里，又在波光潋滟的湖里划船，两双眼睛脉脉含情，两个头慢慢靠近，一会儿他们又在阳光明媚的沙滩上奔跑，还是慢镜头，那红色的游泳衣起伏的线条，那轻烟般迎风飘起的长长黑发……确实美！音乐也异常动听。

“这是什么电视剧？”爸爸问。

“不知道，没有预告。”儿子的眼睛一眨不眨。

幸好，电视上的主人公说话了。

女：（柔媚地）今天是我的生日，我太高兴太愉快了……

（他们已依偎在一块绿树成荫的草地上了。）

男：（眼望远方）是的，真好……可我觉得失落了点什么。

女：（猛转头，声音粗了）什么？你丢东西了？

男：（摇摇头）

女：哦，我知道了。（噘起嘴，不高兴地）你总忘不了你的那个她，她已经抛弃你了，现在早把你忘得一干二净，丢到脑后边去了。你还这么痴情，念念不忘地想她……

男：亲爱的，请原谅……

女：（愠怒地）你说！我哪点不好？（流泪）是没有她漂亮？还是没有她温柔？你说嘛，说出来，我一定改……

“飞飞！快！叫你妈别洗碗了，快来看电视剧！还有爷爷、奶奶！”

顷刻，一家老小坐在电视机前，聚精会神地盯着电视屏幕。

女：你为什么这么忧郁？说真的，你是不是还想她？

男：亲爱的，请原谅……我也说不清。也许，一个人永远也忘不了初恋时的情人。

（女的赌气地转过身，背向着他）

男：（叹了口气）当初，我和她在一起的时候，她总是很关心我的关节炎。她经常给我买天竹牌关节止痛膏，亲自给我敷贴。天竹牌关节止痛膏的疗效又快又好，它的生产历史悠久，工艺先进合理，质量稳定可靠，产品畅销国内外。电话 23452，电报挂号 8041……

这则短文幽默地讽刺了一些电视广告为了吸引观众，乱加不着边际的情节，读后逗人发笑又令人深思。其所以能产生这样的效果，是因为运用了衬跌法。银幕上开始出现的画面和对白把观众引入了一个充满爱情纠葛的电视剧情节里，突出一跌，变成了电视广告，一跌成趣，令人发笑。

2. 衬跌出现在非情节言语作品中，形成思路的顿跌

①台风：12 级；大风：8 级；和风：4 级；轻风：2 级；耳边风：0 级。

②人们为一个军骡树立的墓碑上写着下列字样：军骡马吉葬在这里。在它的一生中，踢过一个上将、两个上校、四个少校、十个上尉、二十四个中尉、四十个士官、二百二十二个士兵和一个炸弹。

例①从自然界的风跌及“耳边风”。例②由军骡马吉的踢人跌及踢炸弹，含蓄地道出了马吉的死因。

3. 衬跌还可以借助于言语表达的款式来体现

最亲爱的吉米：

自从咱们解除婚约以后，我心中巨大的痛苦是无法用言语表达的。恳求你，我们和好吧。你在我心中的位置是没有人可以代替的。请饶恕我吧。我爱你！我爱你！！！

永远属于你的玛丽

又：祝贺你中了彩票。

这封“情书”运用衬跌法巧妙地讽刺了只重金钱不重爱情的人。信的正文表达了玛丽对吉米的爱恋之情，但信文的附言却揭示了“爱恋”的真实缘由。

跳脱

因为特殊的情境，如语意的含蓄、心思的急转、事象的突出等，有时故意中断思路。这就是跳脱的修辞手法。它又分为急收、遮断和突接三种。

1. 急 收

急收是说到半路突然中断，不肯说尽，使人得其意于言语之外。如：

①七斤自己知道是出场人物，被女人当大众这样辱骂，很不雅观，便只得抬起头，慢慢地说道："你今天说现成话，那时你……"（鲁迅《风波》）

②没有吃过人的孩子，或者还有？救救孩子……（鲁迅《狂人日记》）

2. 遮 断

遮断是一个人的话说到中途被另一个人的话遮拦打断。如：

那和尚便道："师兄请坐，听小僧……"智深睁着眼道，"你说，你说！""在先敝寺十分好个去处，田庄又广，僧众极多……"（施耐庵《水浒传》）

3. 突 接

突接是折断语路突接前话，或者突接当时的心事，因此把话折成了上气不接下气。如：

①幸而我的母亲也就进来，从旁说："他多年出门，统忘却了。你该记得罢，"便向我说，"这是斜对门的杨二嫂，……开豆腐店的。"（鲁迅《故乡》）

②我钻进氧气罐的阀门当值守，不怕被人说贪婪。那腌在老醋坛子里的榴莲，像发酵了的酒酿团子，莫名其妙后的感叹，有

一种三遍茶般的甜。你确实是万年历里的星期九……（张黎明《喝干的茶用来做枕头》）

运用跳脱的修辞手法，可以真实地表现出说话时的特殊情境，有衔接上文和使上文完整的效果。

衬托

衬托，是为了突出主要的人、事、物，而用其他的人、事、物作陪衬。运用衬托法，能突出和渲染主体，使形象更加鲜明，给人以深刻的印象和感受。衬托分为正衬、反衬、对比性衬托。

1. 正 衬

正衬是利用主要事物（本体）与陪衬事物（衬体）的类似性，用衬体从正面衬托本体。如：

这一天很暖和。法国侦探小说家乔治·西姆农和他的合作者马塞尔·帕尼奥尔沿着圣日尔曼大道散步。西姆农忽然吹起口哨，叹道："上帝啊，她一定非常可爱！""谁？"帕尼奥尔问道，"我只看到几个小伙子，而您能够看到她？""不，我看不到她。"西姆农微笑着回答说，"但我可以看到走过来的那些男人眼里的神色。"

西姆农没有直接看到本体即"她"的丰姿，而是靠衬体即"那些男人眼里的神色"来推断"她一定非常可爱"。这是采用的正衬法。

2. 反 衬

反衬是指主体与衬体的特点相异，而用衬体从反面来衬托本体。罗斯福夫人写了一篇短文题为《丑小鸭》：

我童年时一直渴望别人注意我，因为有许多事使我觉得：我不能吸引人，不会有人对我倾心。别人说我是丑小鸭，像那些拜倒在我妹妹裙下的翩翩少年，我根本休想。我身上穿的是用姑姑的旧衣服改制的衣服，我跳舞或溜冰时姿势都不如别的女孩那样美妙，我和别的女孩子不一样。我参加舞会，没人请我跳舞，但是有一次圣诞舞会上，一个男孩子过来请我跳舞。我心里对他感激，一直到现在都还记得。那个男孩的名字叫富兰克林·罗斯福。

罗斯福夫人没有正面写她与罗斯福真挚的爱情，而是从反面写自己如何丑陋。为了突出自己的丑貌，她用自己的妹妹和其他女孩子的美，来衬托自己的丑，这都是采用的反衬法。

正衬和反衬有时是同时使用的，如：

1837 年，林肯在斯普林菲尔德从事律师工作的时候，有一位在美国革命战争中阵亡的士兵的妻子——一位年迈的寡妇蹒跚来到了林肯的律师事务所，哭诉负责抚恤金分发的一位官员在她领 400 元抚恤金时，竟苛索 200 元的手续费。林肯听罢大怒，并立刻提起诉讼。在开庭前，林肯做了这样的准备：读一本华盛顿传记，一本革命战争史。这样大大加深了他对革命战争和烈士们的强烈怀念，点燃了热诚的感情。在开庭的那天，林肯先追述了当初美国人民所受的压迫，激起了美国志士的热心，他描述了当年革命战争所经历的痛苦、饥饿、流血、牺牲……然后林肯怒斥那个刁吏竟敢剥夺、克扣当年为国捐躯的士兵遗孀的一半抚恤金。林肯继而又说道："时间已向前迈进，1776 年的英雄已成为过去，那位士兵已经安逝长眠，现在他的遗孀年老体弱来到你我面前，请求为她申冤。她以前也曾是美丽的少女，她的步履轻捷，声音曼妙，但是现在她贫穷无依，来向享受着革命先烈用生命换来的自由的我们，请求同情的帮助与人道的保护。我所要问的是我们应否援助她呢?”当林肯讲完这一番话后，有的证人竟满眼含泪，他们一致认为那老妇人所应得的抚恤金分文不能少给。起诉胜利了。

林肯的起诉之所以获得成功，是因为他采用了衬托的手法，征服了证人。他追述当年革命战争所经历的难以尽述的困难，是为了衬托为国捐躯的士兵的伟大和崇高，这是正衬。他尽力细致地描绘士兵遗孀的生活之苦，这是反衬。

3. 对比性衬托

把两种不同的特别是相反的观念或事实对列起来进行比较，从而使语气增强，使意义对比鲜明，这是对比性衬托。如：

①整条街上往往只有我一个人，只有我倾听一街震耳欲聋的寂静。(张菱舲《听，听那寂寞》)

②许多人时常苦于太短的臂膀无法拥抱太大的宇宙。(刘慕沙《春心》)

③我是个极空洞的穷人，我也是个极充实的富人——我有的只是爱。(徐志摩《爱眉小札》)

衬托常常在文艺作品中作为一种表现手法被运用。如左拉的小说《陪衬人》，描写了杜朗多先生利用美丑衬托大发横财的故事。杜朗多先生有一天贴出广告，声称专为小姐淑女开设一个“陪衬人代办所”。这些“陪衬人”实际上都是廉价招募来的相貌丑陋的女模特儿，根据各人的特点分类出租。她们的服务内容主要是陪伴主顾，衬托其美貌。“代办所”门庭若市，生意兴隆。杜朗多先生用“衬托”手法赚了大钱，因此成为百万富翁。

对比

1860年，林肯作为共和党的候选人，参加了总统竞选。林肯的对手——民主党人道格拉斯是个大富翁。他租用了漂亮的竞选列车，在车后安上一尊大炮，每到一站鸣炮三十二响，加上乐队奏乐，声势之大超过了美国历史上任何一次竞选。道格拉斯洋洋得意地说："我要让林肯这个乡下佬闻闻我的贵族气味。"林肯没有专车，他买票乘车。每到一站，朋友们为他准备一辆耕田用的马拉车。他发表竞选演说："有人写信问我有多少财产。我有一位妻子和三个儿子，都是无价之宝。此外，还租有一个办公室，室内有桌子一张，椅子三把，墙角还有大书架一个，架上的书值得每人一读。我本人既穷又瘦，脸蛋很长，不会发福。我实在没有什么可依靠的，唯一可依靠的就是你们。"

林肯竞选总统时的言行与道格拉斯形成鲜明的对比。对比手法的运用，是林肯获得民心民意的一个重要因素。

对比又叫对照，是指故意把两种相反、相对的事物，或者是同一事物相反、相对的两个方面放在一起加以对比。对比法的运用，能将好与坏、真与假、美与丑、善与恶鲜明地揭示出来，通过对比给人以教育或启迪。对比有两种类型：一体两面对比、两体对比。

1. 一体两面对比

一体两面对比是将同一事物的两个相反或相对的方面加以对比。如：

往年梅花开，哥哥玩纸牌。今年梅花开，哥哥开山打石崖。

这是四川民歌中的四行诗，同是"哥哥"，在"往年"和

“今年”形成了“玩纸牌”和“开山打石崖”的鲜明对比。

2. 两体对比

两体对比是将两种相反或相对的事物进行对比。有一篇题为《偏见》的短文，说的是外国妇女就业时，即使与男子做同样的工作，也往往受到人们不公正的对待。

他的办公室凌乱不堪：	她的办公室凌乱不堪：
显然他工作很勤奋。	是个缺乏条理的人。
他在桌上放了张家照：	她在桌上放了张家照：
噢，一个有责任感、热爱家庭的人。	哼，她工作时就想家。
他不在办公室：	她不在办公室：
他一定和顾客周旋去了。	她肯定到女盥洗室去了。
他在与同事闲谈：	她在与同事闲谈：
他马上就会不谈了。	女人闲扯起来没完没了。
老板正在训他：	老板正在训她：
他会努力改进的。	她不会再好了。
他与老板共进午餐：	她与老板共进午餐：
他将被提升。	他们一定勾勾搭搭。
他结婚了：	她结婚了：
他更安心了。	她怀孕后就会辞职的。
他将得到一个较差的待遇：	她将得到一个较差的待遇：
他会发火吗?	她会哭吗?
他因公出差：	她因公出差：
这对他的事业有好处。	她丈夫会怎么说?
他在别处找了个更好的工作：	她在别处找了个更好的工作：
他真好运气。	女人不可预言。

这里采用两体对比的手法，说明在同一件事情上，“他”和“她”在人们心目中所产生的看法不同，反映了某些人对妇女的偏见和歧视。

对比有两种含义：一是作为表现手法。如“有比较就有鉴别”，这里的“比较”实质上是对比的同义语，指文学作品中常用的一种艺术手法。如《范进中举》通过对胡屠夫在范进中举前后的言行对比，辛辣地嘲讽了他前倨后恭、卑鄙势利的市侩嘴脸，绝妙地讽刺了科举制度。二是由词语或句子表现的对比。如“吴天宝人小，器量可大。”[1]“有缺点的战士终究是战士，完美的苍蝇竟不过是苍蝇。”[2]作为艺术手法的对比在修辞作品中，或渲染气氛，或表示讽刺，或产生幽默感，对言语风格会产生积极的影响，这种对比手法，应视为修辞方法的一种。

【辨析】

1. 衬跌与跳脱

衬跌是指不先说出正意，而是先用一句或几句话作陪衬，然后急速顿跌，说出正意，或者先将读者引入一个思路，然后突然一“跌”，转入另一思路，产生“意料之外，情理之中”的言语表达效果；跳脱是由于特殊的情境，如语意的含蓄、心思的急转、事象的突出等等，故意中途断了语路。分为急收、遮断和突接三种。

2. 衬跌与衬托

两者虽然都有“衬”的成分，但衬跌是不先说正意，而是

[1] 杨朔：《三千里江山》。

[2] 鲁迅：《战士和苍蝇》。

先作陪衬，将读者引入一个思路，然后突然一“跌”，“跌”出本意；衬托是为了突出主要事物，用类似的事物或反面的事物作陪衬，它的作用是突出或渲染主要事物，给人以深刻的印象。

3. 衬托与对比

衬托有主次之分，衬体是用来衬托主体的。对比是将同一事物两个方面或两种相反或相对的事物进行对照，对比的双方无主次之分，而是相互依存的；衬托的重心在于“衬”，而对比的重心在于“比”。

夸张 精细 换算

夸张

香港《大公报》曾刊载一则故事，题为《称我江山有几多》，讲的是：

朱元璋当皇帝后，多次微服出巡。有一次，他出巡归来，到金陵郊外一个渡口等船渡江，正好遇上一群来金陵参加进士考试的举子也在候船。

这里的风景十分壮丽，万里长江滚滚东流，苍茫的钟山龙蟠虎踞，偌大的采石矶屹立于岸。一个年轻的举子凝视着眼前的景色，脱口吟道："采石矶兮一秤砣"，举子们听了都一致称赞。

朱元璋听后冷笑一声道："这个句子的气魄是很大的，但恐后文难继吧！"

大家听了以后一想，不错，偌大一座采石矶仅仅是一个秤砣，那么秤杆、秤钩又是什么呢？纵使有了这么大的秤，又去称什么呢？……大家面面相觑，不知如何是好。

朱元璋见状大笑，说道："待我试续一下，好吗？"说完，高声朗诵起来：

采石矶兮一秤砣，长虹作杆又如何？

天边弯月是挂钩，称我江山有几多。

果然厉害，竟把江山称为己物，举子们个个目瞪口呆。

朱元璋的四句诗采用了夸张手法，把采石矶比作秤砣，把长虹比作秤杆，把弯月比作秤钩，去称江山的分量，在比喻中夸大事物，气魄非凡。

所谓夸张，是为了表达强烈的思想感情，突出某种事物的本质特征，运用丰富的想象力，对事物的某些方面着意夸大或缩小。夸张可分为夸大、缩小和超前三类。

1. 夸 大

夸大是对事物的形象、特征、作用、程度等加以夸大。如《爱的徒劳》中有一段文字：

爱情，它会随着全身的血液，像思想一般迅速通过五官四肢，使每一个器官发挥双倍的效能，它使眼睛增加一重明亮，恋人眼中的光芒可以使猛鹰眩目；恋人的耳朵听得出最微细的声音，任何鬼祟的奸谋都逃不过他的知觉；恋人的感觉比带壳蜗牛的触角还要微妙灵敏；恋人的舌头使善于辨味的巴邱斯（希腊酒神）显得迟钝。

这段文字对爱情的作用加以夸大，显示了爱情的神奇力量。

2. 缩 小

缩小是对事物的形象、特征、作用、程度等加以缩小。

奥地利著名演员约翰·内斯特罗依常常用喜剧的形式针砭时弊，批评社会上的弊端陋习。当时，维也纳烤制的小圆面包越做越小，居民大为不满。一天，内斯特罗依身着大礼服登上了舞台。当人们发现他的衣服上缀着一粒粒用小圆面包做的钮扣时，不禁发出一阵轰笑，为此，内斯特罗依被判处四十八小时拘禁。

三天后，内斯特罗依在舞台上大谈在拘留所里吃面包的滋味。观众困惑不解：拘留所里从什么时候也吃上了小圆面包？内斯特罗依解释道："看守的女儿是个可爱的小姑娘，她常常来到我的囚室前，从钥匙孔里送来好些小圆面包。"

这里，内斯特罗依把面包往小里夸张，他用缩小夸张的方法绝妙地讽刺了现实中的弊端。

3. 超 前

超前夸张的本质是时间上的超前夸张。

1865年，马克·吐温的《跳蛙》在全国许多报纸连载后，他就以记者的身份前往夏威夷采访，途中认识了莉薇，并深深地爱上了她，后经过屡次挫折，1870年2月2日，三十岁的马克·吐温和她结为伉俪，从此，开始了三十四年的幸福生活。马克·吐温在婚后不久写信给友人，幽默地说："如果一个人结婚后的全部生活都和我们一样幸福的话，那么我算是白白浪费了三十年的时光。假如一切能从头开始，那么我将会在咿呀学语的婴儿时期就结婚，而不会把时光荒废在磨牙和打碎瓶瓶罐罐上。"

马克·吐温的这段话采用了超前夸张的手法，把结婚故意推向三十年前的婴儿时期，表达与莉薇的相见恨晚之情，利用时间上的超前，艺术地夸大了他爱情、婚姻、家庭生活的幸福美满。

夸张还可以分为：

（1）空间的夸饰。如：今晚成功岭有月，相思林上薄薄的一弯，利得会割手。（黑野《月》）

（2）时间的夸饰。如：左边的鞋印才下午，右边的鞋印已黄昏了。（洛夫《烟之外》）

你大概在书册中消磨着长日如年的光阴吧？（夏丏尊《触发》）

(3) 物象的夸饰。如：一朵比一朵洁色地开放，直到照亮了没有观众的池畔。(陈芳明《水仙》)

意大利的面包倒不黑，可是硬得像鞋底。(钟梅音《生活与生存》)

(4) 人情的夸饰。如：哪怕你眼睛朝天望出血来，那天上的人未必知晓。(白先勇《一丈青》)

小喇叭的尖音划破我的皮肤。(吴望尧《与永恒做一次拔河》)

夸张有一定的界限，夸张要有真实感，要做到夸而可信。20世纪50年代搞“大跃进”，有这样一首歌谣：“一朵棉花打个包，压得卡车头儿翘，头儿翘，三尺高，活像一门高射炮。”它虽然也用了夸张的手法，但令人质疑，缺乏真实感。又如一首民谣：“队里花生大丰收，一颗能榨一缸油；豆壳拿来当军舰，十万军队装个够。”这种夸张不合事理，“夸而过节，名实两乖”[1]，违背了夸张“夸而有节，饰而不诬”[2]的特点。怎样鉴别夸张是否真实呢？

①伦敦有位老太太笨极了，她在伞上挖了个洞以便知道什么时候雨停。

②新泽西州有个男孩发高烧，手里抓把老玉米能变成爆米花。

③佛蒙特有个人高极了，刮胡子要爬上梯子才够得着。

④伦敦的雾浓极了，人们用来填枕头；如果浇上墨再劈开来，可以当煤烧。

⑤加利福尼亚的树高极了，松鼠采集果实时得带上氧气

[1][2] 刘勰：《文心雕龙·夸饰》。

面具。

⑥好莱坞有个妇女眼睛大极了，她眨一下眼睛，眼皮眨动的风能吹灭火柴。

孤立地看这段文字，有些夸张似乎是失实的。它出现在趣味性很强的《学英语日历》中，给英语学习者留下了深刻的印象，联系特定的言语环境来考虑，应该承认这段文字夸张的合理性。夸张是否得体要结合具体言语环境来考虑，而夸张失实是运用夸张时出现的语病，两者不能混为一谈。

夸张作为艺术表现手法，古人早已运用，并有一系列的论述。王充《论衡·艺增》、刘勰《文心雕龙·夸饰》、范温《诗眼》对夸张都做过较详尽的论述。论述的共同点是：夸张是夸大，是往大里夸。

夸张作为辞格，首见于唐钺的《修辞格》，后来陈望道《修辞学发凡》、张弓《现代汉语修辞学》及近年来一些有影响的修辞学专著对夸张都有论述。这些著述除了继续保持“夸张是夸大，是往大里夸”这样的观点外，在以下三个方面取得了新进展：一是夸张不仅可以从“多、重、大、高、长、深、强”等方面去夸饰，即往大里夸，而且也可以从“少、轻、小、矮、短、浅、弱”等方面去夸张，即往小里夸。二是夸张往往利用词语或句子，对事物做扩大或缩小的描述。三是夸张在音乐、舞蹈、电影、美术等艺术领域中都有出现，但不是辞格，只是一种艺术表现手法。

我们认为：夸张包括夸大、缩小、超前三类。只有利用语句进行的夸张才是辞格。夸张作为一种修辞格，它仅仅出现于言语作品中，这里的言语作品是指“说出或写出来的话，一句话、一席演说、一篇文章、一部著作都可以称之为言语作品”。[1]换言之，那些出现在艺术作品中、作为艺术表现手法之一的夸张不属修辞格的范围。

精细

病人：“我的记忆全部消失了！”

医生：“什么时候开始消失的呢？”

病人：“去年8月12日上午8点。”

这则题为《记忆》的小幽默，故意让病人使用十分精确的时间，产生前言后语之间的矛盾。

在言语活动中表达者有时打破常规，出人意料地使用十分精确的数据，给人以真实感或幽默感，这种修辞方法叫作精细。

某中学的老师对吵闹不休的女生说：“两个女人等于两百只呱呱叫的鸭子。”

不久，老师的妻子来校，一位女生马上向老师报告：“老师，外面有一百只鸭子找你。”

老师用精确的数据讥讽女生，女学生同样使用精确的数据戏谑那位老师，产生了幽默的修辞效果。再如讽刺诗《一座新宿舍楼》：

话说有这么一座新宿舍楼，
面积不多不少整整三千平方米，
三年前就盖好最后一层，

---

[1] 陈望道：《〈修辞学发凡〉与中国修辞学》第255页，复旦大学出版社1983年7月版。

两年前已装修全部完毕。
谁料到这楼房刚刚竣工，
立即生出一大堆棘手的难题：
无数只要房的手伸将过来，
而且都有“理直气壮”的道理——
施工部门说：是我盖的房子！
设计单位说：是我画的图纸！
某某公司讲：是我调拨的水泥！
某某机关嚷：是我批的地皮！
还有七个局长的公子正等着办喜事：
都需要一套房，最好是向阳；
还有八个处长年迈即将退休：
都得照顾呀，而且，务必三居室……
为此先后开了八八六十四次会议，
共扯了九九八十一回皮；
分房方案眼下硬是八字尚无一撇。
听说已经有人告到了法院里！
唉，多少无房户眼巴巴望着这座新楼，
无不为之愤慨、为之唏嘘：
至今全楼一百几十户“人家”，
户主嘛，统统姓“官”，名“气”！

作者采用了精细法，将概数具体化，使所叙之事更为真实可信，增强了讽刺的艺术效果。

换算

第一次世界大战期间，卓别林等几位电影明星应邀去华盛顿做美国第三次自由公债募购的动员演说。演说安排在华盛顿的一个足球场上，场内用一些粗制木板搭了个讲台，卓别林学着别人的姿势跳上讲台，面对成千上万的听众，不停地反复说着："德国人已经到了你们的大门口！我们必须拦住他们！只要你们买自由公债，我们就有力量阻挡他们！记住了，每买一份公债，你们就救活了一个士兵——一位母亲的儿子！我们就可以早日打仗！"演说很有鼓动性，可由于他说得又快又兴奋，一不留心，从台上滑下来，他一把抓住站在旁边的一位女影星，结果两人一起栽在一位身材高大年轻英俊的海军军官的头上。这位军官恰恰就是后来当选为美国第三十二任总统的富兰克林·罗斯福。

"每买一份公债，你就救活了一个士兵——一位母亲的儿子。"这是采用的换算法。换算法的运用，是卓别林的演说产生极大鼓动性的因素之一。

所谓换算是为了表达的需要，故意把需要强调的数量或难记的数据或数字，从人们的可接受性出发，加以形象的兑算。

换算法在通俗性的科技文章中是常见的，在"你知道吗?"、"信不信由你"之类的科普文章中，我们常常碰到换算法的运用。如：

①激光的聚焦可以精确到能够从 1600 公里以外来加热一壶咖啡。

②一个人一天平均走两万步，一年要走 700 万步。人活 70

岁，加起来要走5亿步，即38万4千公里。这个数字，正好是从地球到月球的距离。

③全世界海洋和湖泊中所含的盐分，如果全部提炼出来，足够给地球盖上一层30米厚的“白被单”。

④一根小学生用的普通铅笔，可以画出5600公里的线条。

⑤如果把大脑的新陈代谢转换成能量，它能点亮一只20瓦的灯泡。

⑥假如全世界50亿人同时说话，所产生的能量等于一个小型发电厂所产生的能量。

换算法和数学演算不同，先请看下例：

①人们每天脱落约45根头发，多的可达60根，一个人一生将脱落150万根头发。

②人的眼睛在黑暗处1分钟后，对光的敏感度将增长10倍；20分钟以后，增长6000倍；40分钟以后，增长25000倍，这时，人眼对光的敏感度达到极点。

这两例都没有运用换算法，而是数学演算。

【辨析】

1. 夸张与精细

夸张分往大里夸张、往小里夸张、超前夸张三种类型，其中往小里夸张和精细容易混淆。两者的区别是：（1）缩小是将事物往小里夸，以引起读者的注意，而精细是出人意料地使用十分精确的数据，引起幽默诙谐的效果；（2）缩小的基础是艺术的真实，必须给人以真实感，而精细是打破原有的言语风格，由一般的表述然后出人意料地转向精细的表述。

2. 精细与换算

精细是为了达到幽默诙谐的效果而故意使用精确的数据，而换算是为了强调某抽象事物而故意用人们可以接受的事物来兑算，使人们能形象地接受。两者虽然都用了精确的数据，但目的不一，效果各异。

3. 换算与演算

演算是按原来事物的思路进行精确的推算，演算后的数字仍枯燥难记，具有精确性。换算是把甲事物和乙事物进行兑换，使数字形象化，给读者强烈的印象。换算后的数据有时生动形象，如例①和例②；有时化大数据为小数字，便于记忆，如例③；有时带有夸张意味，如例④；有时化抽象为具体，如例⑤；有时化精确为模糊，如例⑥。当然，换算要以演算为前提，然后再与其他事物比较，在其他事物上体现出原来事物的质和量，如“把大脑的新陈代谢转换成能量，它能点亮一只20瓦的灯泡。”换算的过程是：a. 演算出大脑新陈代谢转换的能量。b. 演算出点亮一只20瓦灯泡所需的能量。c. 把a和b权衡——即换算，用生动形象的语言表达出来。可见换算本身隐含了演算，不通过演算的换算是不存在的。至此，我们可以归纳出换算的特征：（1）以演算为前提。（2）变换角度加以表述。（3）表达上讲究可接受性。

象征 桑槐 讽喻

象征

从前有一个流浪的爱尔兰老乞丐，他到一个农民家里要吃的，农民把他让进屋里，并让他坐下来吃饭。同桌还坐着一个德国人和一个法国人。农民说：“你是最后一个到的，应当由你来分这只鸡。”爱尔兰乞丐表示同意，于是大家便把一只整鸡拿给他。他切下鸡头，送给那个农民，说：“您是这儿的头，您应当吃鸡头。”他切下鸡脖子，送给农民的妻子，说：“您的地位仅次于头儿，所以你应当吃鸡脖子。”他切下鸡翅膀，分别送给农民的两个女儿，说道：“你们不久就要从家里飞走了，所以你们每人都应有个翅膀。”他又对法国人和德国人说：“你们这两个穷家伙还要赶很远的路才能到家。”说完，他便分给他俩每人一只鸡爪，然后又继续说道：“我是一个可怜的爱尔兰流浪汉，就吃剩下的吧。”

象征是以物征事，即用某种具体的事物表现某种特殊意义，“物”和“事”之间要有某些联系，或相近相类能引起人们的联想。故事中的爱尔兰乞丐，他将“鸡头”和农民联系，将“鸡脖子”和农民的妻子联系，将“鸡翅膀”和农民的两个女儿联系，将“鸡爪”和德国人、法国人联系，利用“物”的特点，巧言附会，象征事理。

象征常常出现在言语作品中。如茅盾的《白杨礼赞》，通过对白杨树特点、品格的描述，热情讴歌了北方农民在民族解放斗争中表现出来的质朴、坚强、力求上进的精神，通篇以物（白杨）征事（讴歌北方农民的品质）。又如高尔基的《海燕》，全文以海燕、海鸥、企鹅象征着革命风暴来临前夕的几种人，赞颂了革命战士对革命风暴的渴求。这种象征手法的特点有二：一是重在对语言因素的利用；二是象征义贯于通篇，涉及全篇的艺术构思，应作为修辞手法看待。

象征可以通过语句来表现，一般有明征和暗征两种情况。

1. 明 征

明征是本体和征体都出现，并运用象征词。如：

纪念碑是用一万七千块坚硬的花岗石和洁白的汉白玉砌成，它象征着先烈们的丰功伟绩，标志着全国人民对先烈的怀念。(《人民英雄纪念碑》)

“它”（即纪念碑）是本体。“象征着”、“标志着”是象征词。“先烈们的丰功伟绩”、“全国人民对先烈的怀念”是征体。全句对同一个本体，连用了两个象征，其结构是：本体——象征词——征体——象征词——征体。

2. 暗 征

暗征即只出现征体，不出现本体和象征词。如：

大雪压青松，青松挺且直，要知松高洁，待到雪化时。

在陈毅的这首《冬夜杂咏·青松》中，“大雪、青松、高洁、雪化时”都分别具有象征意义，它们都分别是征体，本体和象征词都未出现。

象征是在言语活动中由于关联与想象、社会的约定俗成，使用具体的意象来表达抽象的观念与情感，或使用一种看得见的符号来表现看不见的事物的一种修辞技巧。

它也可以分为普遍象征和特定象征。

普遍象征。是指在言语活动中可以独立存在、不受上下文限制的象征。如：以“龙”、“龙人”、“龙文”分别象征“中国”、“中国人”、“华文”。

特定象征。是指依据上下文的脉络，在刻意设计安排下，于一定的场景及气氛里，将某项事物赋予特殊的象征意义。如：朱自清的《背影》以“紫皮大衣”象征“父爱的温暖”，以“朱红橘子”象征“父爱的光辉”等。

桑槐

桑槐就是指桑骂槐。如：

你变成了巴黎公社时期的法国画家杜米埃一幅画中的人物。狱卒摸着一个死囚犯的脉搏，对刽子手法官说：“现在这个人可以释放了，他再没有危险了。”

你呀，副司令员，“四人帮”就是这样把你“释放”了，亲爱的首长，人家把你放了，你为什么不再睁开眼睛，看看这，和太行山、和朝鲜、和延安相连的蓝天、白云？你为什么不再看看我们？……杜米埃呀，你是多么的残酷。（刘真《哭你彭德怀副司令员》）

作者表面上斥责的是法国画家杜米埃，而

实际上是在斥责“四人帮”，怨恨“四人帮”。杜米埃的画与“四人帮”导演的悲剧多么相似啊！作者这样写感情更加深沉。

所谓桑槐格就是表面上斥责甲，而实际上斥责的是与甲有相似点的乙。

桑槐格多用于小说、戏剧、影视、诗歌、曲艺等文学作品中，其他体裁的文章中也有运用，但比较少见。值得指出的是，桑槐格里的“桑”和“槐”，必须有相似之处，指桑是形式，是表象，骂槐才是目的，是根本。明在指桑，暗在骂槐，指桑是为骂槐服务的。

成功地运用桑槐格能深化文章的思想内容，增强文章的表现力和感染力。如：

有日月朝暮悬，有鬼神掌着生死权。天地也！只合把清浊分辨，可怎生糊突了盗跖、颜渊？为善的受贫穷命更短，造恶的享富贵又寿延。天地也！做得个怕硬欺软，却原来也这般顺水推船！地也！你不分好歹何为地！天也！你错勘贤愚枉为天！哎，只落得两泪涟涟。

该段选自关汉卿的《窦娥冤》，明为怨天怨地，实际怨的是当朝的贪官污吏，怨的是黑暗的社会。

桑槐格里的桑和槐可以互换。

成功地运用桑槐格能深刻地揭示事物的本质，能增强语言的表达效果和艺术魅力。又如：

把你这东皇太一烧毁了吧！把你这云中君烧毁了吧！你们这些木偶木梗，你们高坐在神位上有什么德能？你们只是产生黑暗的父亲和母亲。

这段文字选自郭沫若的《屈原》。这里，屈原表面上在斥责“木偶木梗”，实际上在怒斥楚国的当权者。这里，“木偶木梗”

与楚国当权者之间有相似之处——居高位却腐朽昏庸。又如：

秀儿娘：老天爷啊，你为何不长眼睛，为何如此狠毒，害得我们这般凄惨啊！

秀儿：娘……（电视连续剧《青天衙门》）

这里，秀儿娘的表白表面上是骂天老爷狠毒，不长眼睛，而实际上在骂封建制度、清王室家族和福晋。

桑槐格里的指桑多指老天爷、上帝、菩萨、神灵等被人们信仰崇拜的人或物。骂槐多指现实中给人带来痛苦和灾难的制度、恶势力、恶环境或恶人等，两者之间一定有相似性。

讽喻

英国著名戏剧作家萧伯纳访问苏联。一天早晨，他照例外出散步，一位极可爱的小姑娘迎面而来。萧伯纳叟颜童心，竟同她玩了许久，临别时，他把头一扬，对小姑娘说：“别忘了回去告诉你的妈妈，就说今天同你玩的可是世界上有名的萧伯纳！”萧伯纳暗想：当小姑娘知道自己偶然间竟会遇到一位世界大文豪时，一定会惊喜万分。

“您就是萧伯纳伯伯？”

“怎么，难道我不像吗？”

“可是，您怎么会说自己有多么了不起呢？请您回去后也告诉您的妈妈，就说今天同您玩的是一位苏联小姑娘！”

萧伯纳惊呆了，他意识到刚才自己太自以为是了，态度也有些傲慢，不禁一时语塞，脸上顿时泛起了一片红晕。回国后，萧伯纳逢人便深有感触地说：“一个人无论取得了多大成就，都不应当自负、自夸，对任何人，不管男女老幼，都应该平等对待，要永远谦虚。这就是那位苏联小姑娘给我的终身教育。她也是我的老师，我一辈子也忘不了她！”

这个故事通过萧伯纳和小姑娘的交谈，得出了“一个人无论取得了多大成就，都不应当自负、自夸，对任何人，不管男女老幼，都应该平等对待，要永远谦虚”的结论，这里采用的是讽喻法。

在言语表达中，为了把话讲得明白动听，或者有的话不可直说或明说，就用说故事的方法来说明道理，起初故事本身要求有讽刺意义，这也是讽喻定名的由来。现在要求不太严格，故事也可以不带有讽刺性。这种以事喻理的方法叫讽喻。钱钟书先生在他的小说《围城》中有一段文字：

天下只有两种人。譬如一串葡萄到手，一种人挑最好的先吃，另一种人把最好的留在最后吃。照例第一种人应该乐观，因为他每吃一颗都是吃剩的葡萄里最好的，不过事实上却适得其反，缘故是第二种人还有希望，第一种人只有回忆。

钱钟书先生用吃葡萄的故事形象地说明两种人怎样对待希望和回忆。难怪人们说，钱钟书先生的作品素以善用妙喻而著称。

运用讽喻时，可以把故事夹在讲话和文章里，这叫引述。也可以编写完整的故事，独立成篇，来说明道理，这叫编写。

讽喻往往包含着丰富的哲理，它不是抽象的说教，而是通过故事来说明道理，寓教于乐，寓理于趣。如：

有一个小孩儿，不知道回声是什么东西，有一次，他独自站在旷野，大声叫道：“喂！喂！”附近的小山立即反射他的回声：“喂！喂！”他又叫“你是谁?”回声答道：“你是谁?”他又尖声大叫：“你是蠢材！”立刻又从山上传来“你是蠢材！”的回声。

孩子十分愤怒，向小山骂起来，然而，小山仍旧毫不客气地回敬他。

孩子回家后对母亲诉说了这一切，母亲对他说："孩子呀，那是你做得不对。如果你恭恭敬敬地对它说话，再听听它的回声会怎么样。在生活里，不论男女老幼，你对人好，人便会对你好。温柔的答话会消除愤怒，如果我们自己粗鲁，是绝不会得到人家友善相待的。"

这则小故事，通过"回声"说明了生活中的一个道理："不论男女老幼，你对人好，人便会对你好"，深刻的哲理寓于通俗的故事之中。

【辨析】

1. 桑槐与讽喻

桑槐就是指桑骂槐，表面上斥责甲，而实际上斥责的是与甲有相似点的乙；讽喻是在言语表达中为了把话讲得明白动听，或者有的话不可直说或明说，就用说故事的方法来说明道理，起初故事本身要求有讽刺意义，这也是讽喻定名的由来。现在要求不太严格，故事也可以不带有讽刺性。运用讽喻时，可以把故事夹在讲话和文章里，这叫引述。也可以编写完整的故事，独立成篇，来说明道理，这叫编写。讽喻往往包含着丰富的哲理，它不是抽象的说教，而是通过故事来说明道理，寓教于乐，寓理于趣。

2. 象征与讽喻

象征和讽喻都是由具体的事物或故事抽象出某些道理，或赋予某种意义，但是，象征是以物征事，而讽喻是以事喻理。

比喻 舛互 借代

比喻

古往今来，人们用各种各样的比喻来描绘艺术女性的美，人们常说，第一次把女人比作花的是天才，第二次把女人比作花的是庸才，第三次把女人比作花的是蠢才。在比喻的竞技场上，出现了许多上乘之作。朱自清的散文《女人》写得很精彩：

我以为艺术的女人第一是有她的温柔的空气，使人如听着箫管的悠扬，如嗅着玫瑰花的芬芳，如躺着在天鹅绒的厚毯上。她是如水的蜜，如烟的轻，笼罩着我们；我们怎能不欢喜赞叹呢？这是由她的动作而来的，她的一举步，一伸腰，一掠鬓，一转眼，一低头，乃至衣袂的微扬，裙幅的轻舞，都如蜜的流，风的微漾……我最不能忘记的，是她那双鸽子般的眼睛，伶俐到像要立刻和人说话，在惺忪的微倦的时候，尤其可喜，因为正像一对睡了的褐色小鸽子。和那润泽而微红的双颊，苹果般照耀着的，恰如曙色之与夕阳，巧妙的相映衬着。再加上那覆额的、稠密而蓬松的发，像天空的乱云一般，点缀得更有情趣了。而她那甜蜜的微笑也是可爱的东西，微笑是半开的花朵，里面流溢着诗与画与无声的音乐。

这段文字共用了十个比喻。这些比喻忽而把女人的温柔化成听觉感受——“箫管的悠扬”，嗅觉感受——“玫瑰花的芬芳”，触觉感受——“如躺着在天鹅绒的厚毯上”，通过比喻把温柔具体化，把抽象有形化，忽而把女人比作水、烟、蜜、风、鸽子、苹果、曙色与夕阳、乱云、花朵。这些比喻从不同的角度设喻，突出了艺术女性的轻柔、伶俐、润泽、剔透……

所谓比喻，是指在描述事物或说明道理时，用与它有相似点的别的事物或道理来打比方。比喻从结构上分为本体、喻体、喻词。被比的事物或情境叫本体，作比的事物或情境叫喻体，表明比喻关系的词叫喻词。比喻的基础是相似点，比喻要有新意。

按照本体、喻体、喻词的隐现、异同和结合情况，比喻可分为明喻、暗喻、借喻、反喻、缩喻、扩喻、博喻、较喻、回喻、互喻、倒喻。

1. 明 喻

有一篇短文，题为《顽皮的河》，讲的是：希腊有一条奇特的河，名叫阿瓦尔，河水每昼夜四易流向，六小时流向大海，后六小时又从大海里倒流，下六小时又流向大海，如此来来往往，天天如此，年复一年。科学家们认为，这条河之所以像一个顽皮的孩子，是因为受爱琴海潮汐的影响。把阿瓦尔河比作“一个顽皮的孩子”这是个明喻。

所谓明喻，是指本体和喻体同时出现，而喻词表示本体和喻体的相似关系。如把阿瓦尔河比作顽皮的孩子，是着眼于河的四易流向与孩子的顽皮有相似之处。明喻中的喻词，常用“像、好像、如、比如、宛如、犹如、仿佛、好比、像……一样”。

2. 暗 喻

美国人组织了一支部队开赴西班牙，援助西班牙的反法西斯战争，但经费不足，一群年轻的战士向爱因斯坦求援。谈话是简短的：“我们有人，但是没有钱，而钱就意味着飞机、炸弹、汽车、汽油和战士的衣装，而这一切又意味着：西班牙的自由。”爱因斯坦用最好的方式给战士以援助，他是怎么援助的，我们可暂且不管，我们关心的是故事里的这样一段文字：“而钱就意味着飞机、炸弹、汽车、汽油和战士的衣装，而这一切又意味着：西班牙的自由。”这是比喻中的暗喻 。

暗喻的特征是：本体和喻体都出现，喻词常用“是、就是、简直是、成了、成为、变成、意味着”等。上例的暗喻里“我”是本体，“意味着”是喻词，“飞机、炸弹、汽车、汽油和战士的衣装”是喻体，“这一切”是本体，“意味着”是喻词，“西班牙的自由”是喻体。

3. 借 喻

法国国王路易·菲利普是漫画家所攻击的对象。他们发现国王的脸形竟然与某种水果形状非常相似，于是便把他画成一个梨形。当时路易·菲利普比那些在漫画里讽刺他的人还要幽默几分。法国著名作家维克多·雨果在他的巨著《悲惨世界》中写道：“当路易·菲利普漫步走进城堡时，他突然发现一个小男孩正在墙上画梨。他走近那孩子，从口袋里掏出几枚金币（当时的金币上印有国王的肖像）递给那孩子，说道：“瞧，那上面就有几只梨呢！”菲利普对孩子讲“瞧，那上面就有几只梨呢！”这正是一个借喻。

借喻是以喻体代替本体，本体和喻词不出现，直接说出喻体。“国王”是本体，“梨”是喻体，喻词是“像、是、如”等。

这里只出现了喻体“梨”，而省去了本体和喻词。

还有一种借喻省略本体、喻词，而只剩下喻体，但能对应成句。如：“三天打鱼，两天晒网”。又如：俄国著名作家契诃夫在总结自己的成功经验时说：“人生有三个头脑，天生一个头脑，从书中得来一个头脑，从生活中得来一个头脑。”

4. 反 喻

有一首佚名诗，题为《诗的自由》：

我不是火，
不能给你光和热；
同时，我也不是黑暗，
不能把你的光辉衬托。
我不是水，
不能润湿你干裂的唇；
我不是花，
不能点缀你寂寞的生活。
我是什么？我是什么？
像梦没有形，像空气没有颜色，
我只是想象中的银幕，
任你用生命的光影投射。
但倘若你自己心里的火，已经熄灭，
不要责怪银幕的荒漠。

这首诗的一、三、五、七行诗运用的是反喻。

所谓反喻，是从所要说的事物的相反或相对的方面设喻，指出事物不具备某种属性，这种用否定形式构成的比喻就是反喻。如：“我不是火，”“我”是本体，“火”是喻体，“不是”是否定性的喻词，我不具有火的属性，因而不能给你光和热。

反喻有两种形式：一是否定性喻词出现在本体和喻体之间，如上例。二是在完整的比喻即“本体——喻词——喻体”的格局前出现否定性词语。如：

没有一条船能像一本书，
使我们远离家园，
也没有任何骏马，
抵得上欢腾的诗篇。

这是美国狄更生作的短诗《没有一条船能像一本书》中的四行诗。它运用了反喻法，否定词“没有”放在比喻句的开头。

5. 缩 喻

“花园之国”瑞士，几乎是遍地的鲜花，对一些糟蹋花木的游客，当局在车站道旁用多国文字婉言相“警”：德文写着：“严禁摘花”，英文劝告：“请勿摘花”，法文提醒：“爱山爱花”。“花园之国”是缩喻，它省去喻词，把本体“国”和喻体“花园”直接组合成偏正关系的短语。

所谓缩喻，是比喻的紧缩，即将本体和喻体紧缩成偏正短语，让喻体修饰本体。又如：生命是一张画布，展开在性格的画框上，由时间的画架支撑着。精神是你的调色板。在它上面，你调和颜料——那是你的思想。你的一言一行是你用来画画的画笔。“性格的画框”是“性格像画框一样”的紧缩，“时间的画架”是“时间像画架”的紧缩。两者都是缩喻。

6. 扩 喻

作家刘绍棠在一次做报告时，有人递上一张纸条，上面写道：“共产党不是伟大、光荣、正确和战无不胜吗？为什么连‘现代派’和‘存在主义’都要抵制，怕得不得了呢？”刘绍棠看后，“呼”地一下站起来问道：“你们说我身体好不好？”刘绍棠红光满面，体魄健壮，大家异口同声说他身体“棒！”这时，他问道：“那么你们说，我为什么不能吞进苍蝇呢？”他用这个绝妙的比喻，说出了抵制资产阶级自由化倾向的意义，博得全场一片掌声。这个比喻本身是一个扩喻，如果整理一下就是“伟大、光荣、正确的中国共产党抵制现代派和存在主义这些资产阶级自由化倾向的影响，就像体魄健壮的人不能吞进苍蝇一样。”

扩喻就是本体和喻体都是短句，它们常常组成平行句式，有类比的味道。扩喻有时用喻词，有时不用喻词。上例未用喻词，下面再看一个使用喻词的扩喻。有一则小幽默，题为《比喻》：

爸爸发脾气，打了儿子一巴掌。儿子哭着说：“妈妈刚才骂了您一顿，您就拿我出气。这真像那句话“……”“什么话？”“大鱼吃小鱼，小鱼吃虾米。”

如果把儿子的话讲完整，那就是：“妈妈刚才骂了您一顿，您就拿我出气，这真像大鱼吃小鱼，小鱼吃虾米。”这正是一个典型的扩喻。本体是“妈妈刚才骂了您一顿，您就拿我出气”，喻体是“大鱼吃小鱼，小鱼吃虾米，”喻词是“像”。作者借助于本体和喻体之间存在的两件事的相似点，让充满稚气的“儿子”说出，起到了幽默诙谐的效果。

7. 博 喻

有一篇人物传记题为《贺子珍》，在刊头上对贺子珍做了这样的评价：“她是叱咤风云的巾帼。她是敦厚善良的贤妻良母。她是璀璨夺目的星星。她是湮没太久而不为人知的明珠。”这句话是用四个比喻，对同一个本体，连续打比方，铺陈叙述，这种方法叫博喻。严格地说，博喻是以若干个喻体从不同角度反复设喻去说明同一个本体的方法，故又叫连比，它可以加强言语的气势。又如：

你有你的铜枝铁干，
像刀，像剑，也像戟；
我有我的红硕花朵，
像沉重的叹息，
又像英勇的火炬。

显然，这里有两个博喻，一个是“铜枝铁干像刀、像剑、也像戟”。另一个是“红硕花朵像沉重的叹息，又像英勇的火炬”。

8. 较 喻

较喻就是比喻兼比较。如：“那些又臭又长的文章恐怕连粪土还不如”，“她的心比针尖还小”，在某一点上，本体和喻体相似，但本体又超过了（或不及）喻体。

9. 回 喻

回喻是先指出本体，接着对本体加以否定，最后引出喻体。如：“那两库水，它不是水，它是黄澄澄的粮食啊。”这里先提出本体“水”，接着加以否定，最后引出喻体“黄澄澄的粮食。”

10. 互 喻

互喻是互相设喻，即两个比喻句，第一个比喻句先用喻体比喻本体，第二个比喻再用本体比喻喻体。如：“远远的街灯明了，好像闪着无数的明星。天上的明星现了，好像点着无数的街灯。”这里先用“明星”（喻体）比喻“街灯”（本体），再用“街灯”（本体）比喻“明星”（喻体）。

11. 倒 喻

倒喻是颠倒了的比喻，即本体和喻体前后位置颠倒，喻体在前，本体在后。如“上海人叫小瘪三的那批角色，也很像我们的党八股，干瘪得很，样子十分难看。”（毛泽东《反对党八股》）倒喻和正常的比喻，其区别主要是本体和喻体的位置不同。其实这是相对的，一般来说，要看上下文中阐述的对象是什么，它是本体，那就是正常的比喻，如果阐述的对象是喻体，那就是倒喻。如，法国作家司汤达曾把他的朋友、著名作曲家海顿早期的弦乐四重奏生动地比喻为四个人的谈话：

第一小提琴像是一位中年健谈的人，他总找话题来维持着谈话。第二小提琴是第一小提琴的朋友，他竭力设法强调第一小提琴话中的机智，很少表白自己，参加谈话时，只支持别人的意见而不提出自己的意见。大提琴是一位庄重的人，有学问而好讲道理，他虽然简单，然而中肯的论断支持第一小提琴的意见。至于中提琴，则是一位善良而有些饶舌的妇人，她丝毫讲不出重要的意见，但是却经常插嘴。

这段文字议论的中心是四重奏，本体分别是第一小提琴、第二小提琴、大提琴、中提琴，所以它是正常的比喻，如果以四重奏喻人，来议论人的各种品格，则就是倒喻。

比喻有其悠久的历史。宋代陈癸在《文则》中将比喻分为十类：一曰直喻；二曰隐喻；三曰类喻；四曰诘喻；五曰对喻；六曰博喻；七曰简喻；八曰详喻；九曰引喻；十曰虚喻。随着语言本身的发展，人们对比喻进行了进一步的研究和归类。

运用比喻时，应注意以下几点。

（1）认清比喻的基础。比喻的基础是相似，而不是相类相同，不能单从结构形式上去考虑。如“这把刀像那把刀一样锋利”。从形式上看好像是个比喻，其实“这把刀”和“那把刀”没有相似之处，只是相类相同而已。又如：“他低头不语，好像有什么心事。”这里的“好像”是非动作性动词，在句中猜测判断，起说明作用，不是喻词。

在言语表达中由于各人的出发点不一样，对同一事物可以从不同的角度设喻，打出各自不同的比方。有一则题为《初步印象》的小幽默：

介绍人抽了一口烟，然后问道："姑娘，你对那个男的初步印象如何？"

姑娘："他说话时和你抽烟一样。"

介绍人："自然潇洒？"

姑娘："不，吞吞吐吐。"

姑娘一开始是用了比喻中的明喻"他说话时和你抽烟一样"，模糊地叙说对"他"的初步印象，这个比喻，可以使人联想到两种相似点：①自然潇洒，②吞吞吐吐。既可以理解为"他说话时和你抽烟一样自然潇洒"，也可理解为"他说话时和你抽烟一样吞吞吐吐"。在这里，比喻就有了两个相似点。

（2）比喻要注意设喻的艺术。我们仍以艺术女性的设喻艺术为例来做具体分析。对女性美的描述，可选择不同的本体，如女性的头发、眉毛、眼睛、牙齿、嘴唇、臂膀、脸蛋、风姿、服饰等都可以作为比喻的本体，然后根据"相似"原则选择恰当的喻体和喻词来构成比喻。

女性美在头发：她的头发乌黑发亮，轻如丝，香如兰，美如波。

女性美在眉毛：她的眉毛又长又弯，如弓似柳。

女性美在眼睛：她那鸽子般的眼睛伶俐到像要立刻和人说话。

女性美在嘴唇：樱唇未启笑先闻。

女性美在牙齿：像从血红的葡萄树中望见的白夹竹桃花。

女性美在臂膀；她裸露的臂膀像冷澈的大理石。

女性美在脸蛋：她的脸蛋泛着青春的红色——有时光洁透

亮，仿佛有闪电流过她的脉管。

女性美在风姿：她媚态娇羞，如芙蓉出水般亭亭玉立。

女性美在服饰：火光照得她的脸发红，那件深红色的棉袄，像蔓延着的火焰一样。

她的一举手，一投足，一伸腰，一掠鬓，一转目，一低头；她衣袂的微扬，裙幅的轻舞；她肩的微颤，胸的微耸，颈的轻摇，身的轻蠕；她的双目颦蹙，笑颊粲然，侧身垂睫，张目嗔视，点额扶臂，都体现了女性的动态美；她肤色的红润、细腻、弹性、光泽，发式中的长辫、高髻、散披、短齐、卷曲都能给人以静态美。这些都会引起我们美妙的联想，我们可以联想起与之相似的事物或情境，如形容眉美就会联想起柳叶、新月、卧蚕、春山；形容目美，则联想到杏儿、丹凤、秋水、秋波；形容脸形美，就联想到皎月、银盘、桃花、苹果、鹅蛋；形容臂美，外国人以“露”为美，则有“她裸露的肩膀和手臂像冷澈的大理石一般”的比喻，中国人的传统是以“藏”为美，则有“她那纤细的臂膀像南岳风景区的藏经殿和方广寺那样深秀”的妙喻。

总之，只有发掘本体的千姿百态，才能联想起纷繁多姿的喻体，使比喻富有新意。

舛互

初入草原，听不见一点儿声音，也看不见什么东西，除了一些忽飞忽落的小鸟。（《草原》，人教版六年制第九册语文教材）

对于这样的句子，有人曾提出是病句，理由是“既然听不见一点儿声音，也看不见什么东西”，就不应该有小鸟。其实，这里是运用了舛互的修辞手法。

舛互（“舛”，读 chuǎn，意为“违背”）这一修辞格，是谭永祥在其主编《修辞新格》（福建教育出版社 1983 年 10 月版）中首先提出来的。所谓舛互，是指对某一事物既全部肯定又部分否定，或者既全部否定又部分肯定。肯定，是为了衬托、强调否定部分；否定，是为了衬托、强调肯定部分。例如：

①三百来户都欢天喜地。只有老王太太跟她俩小子没有挑到好牲口，牵了一匹热毛子马。（《分马》）

②室中更无人，惟有乳下孙。（《石壕吏》）

③才到房门，只见赵姨娘和周姨娘两个人来瞧宝玉。宝玉和众人都起身让座，独凤姐不理。（《红楼梦》）

④万事俱备，只欠东风。（《三国演义》）

⑤绝无仅有。（成语）

例①先是整体肯定，后个别否定。先说翻身农民都为尝到了土地改革的胜利果实而欢天喜地，后又用“只有”强调老王太太的不满意，强调这是分马中唯一的美中不足，同时引出下文的“换马”风波；例②是先整体否定，后个别肯定。先是全部否定室中没有（成年）人，后又强调只有一个“乳下孙”，这是为了突出家中已经没有成年男子能应征“河阳役”了；例③也是先全部肯定，然后局部否定，以突出凤姐与众不同的身份和性格；例④所说的“万事”，是指“破曹”的“一切军事上的条件和保障”，也是先全部肯定，“只欠东风”，就是在先全部肯定的前提下，再提出相反的情况，借以突出、强调“东风”的必不可少乃至决定性的作用；例⑤是行文上较为简单的成语，前两字“绝无”是先全部肯定，其目的是突出强调后者——局部的“仅有”的内容。

这类运用舛互修辞格的句子在学生的作文中也常出现。如：“阅览室里肃静无声，只听见大家翻书报的声音。”写连翻书报的声音都听得见，强调了阅览室里的“静”，突出了大家专心致志地看书看报的学习气氛。又如：“今天，全班都去看电影了，只有小王一个人去了图书馆。”写全班都去看电影了，是为了突出小王更喜欢看书。因此，这些句子都不能算病句。

在群众语言中，这种修辞格也常用。如：“有什么可不能有病，没什么可不能没钱。”这是说健康和必要的经济保证是人类生存的最基本的要素。又如：“下什么可别下岗，上什么可别上当。”这也反映了当今社会存在的普遍性的社会问题。

判断一个句子是否运用了舛互修辞格，方法很简单，像比喻句具有比喻词一样，这类句子最明显的特征词是“……都……只有（只、只是）……”“都……唯独……”因为只有这些词才能体现舛互辞格既全部肯定又部分否定，或既全部否定又部分肯定的特点。

作为修辞格的舛互与一般的逻辑矛盾是有区别的。这种看似矛盾的表达手法，其实并不是真的自相矛盾。逻辑矛盾是需要排除的，而舛互中出现的看似前后矛盾的“矛盾”，却相互映衬，相得益彰，有着很强的表达效果。

借代

鲁迅五十岁才生海婴，他在与刚满周岁的海婴的合影照片上题了“五十与一”四个字。

高尔基是俄国伟大文学家，他在同孩子的合影照片上这样题道：“高尔基和他的作品。”

“五十”代表五十岁的鲁迅，“一”代表刚满周岁的周海婴，这是分别用数字代人；高尔基则是用“他的作品”来代表孩子。这种表达方法，称作借代，借代又叫“换名”。

所谓借代，是在言语表达中不直说人或事物，而借用与它密切相关的人或事物来代替。被代的叫“本体”，替代的叫“借体”或“代体”，“本体”往往不出现。

借代常见类型有四种：特征代本体；普通与特定互代；具体代抽象；部分代整体。分别举例如下：

①秃头站在白背心的略略正对面，弯了腰，去研究背心上的文字。(鲁迅《示众》)

②中国人民中间，实在有成千成万的“诸葛亮”，每个乡村，每个市镇，都有那里的“诸葛亮”。(报)

③地上潮湿寒冷，她蹲累了只好坐下来，一夜哪里合得上眼。(杨沫《青春之歌》)

④凡是愿意留下的再不许拿人家一草一木。(姚雪垠《李自成》)

例①中的“秃头”是借生理特征代人，“白背心”是借穿着来代替人。这是以特征代本体。“诸葛亮”是三国时代的历史人物，在例②中以之代替有智谋的人，这是用特定代普通。例

③“合得上眼”是“睡觉”的具体说法，是具体代抽象。例④“一草一木”是用部分代整体。

也有人认为借代是谈话或行文中，放弃通常使用的本名或语句不用，而另找其他名称或语句来代替。并把借代分为以下类型。

1. 以事物的特征或标志代替事物

眼镜听着想，别不断将心里一串翻滚的笑料抖了出来，惹得那群清汤挂面（代年轻女学生）直往他瞪。（林怀民《两个男生在车上》）

2. 以事物的所在或所属代替事物

那天晚上你送我回宿舍，当我们迈上那斜斜的山坡，你忽然驻足说：“我在地毯的那一端（代结婚礼堂）等你！我等着你；晓风，直到你对我完全满意。”（张晓风《地毯的那一端》）

3. 以事物的作者或产地代替事物

你记得第一次我介绍湖滨散记给你的时候吗？你眼里迸出欣悦的火花，使我认为我是最佳的梭罗（代梭罗的书）推销员。（叶凡《爬藤的叶子》）

这一幅像八大（代八大山人的画作），那一幅像石涛（代石涛的画作），幅幅后面都显现着一个面黄肌瘦、嗷嗷待哺的人影，我觉得惨。（梁实秋《画展》）

4. 以事物的质料或工具代替事物

祖父为什么会那般沉默地被抬进看起来不太舒适的“木箱子”（代棺木）里头。（颜昆阳《关于人生的故事》）

5. 部分和全体相代

我为了明天的面包（代生活所需）及昨日的债务辛劳地工作。（纪弦《存在主义》）

6. 特定和普通相代

湖南是中国的斯巴达（代居民富有尚武精神的地区）。（蒋梦麟《西潮》）

7. 具体与抽象相代

窗外就是银白（代雪），皑皑的银白，沁寒的银白。（萱朵朵《雪之舞》）

8. 原因和结果相代

纽约的老同学真够义气，他们家中常备一张行军床，专接待过往的旧友，我睡在他们家的小床上，尚有余温（代之前才有人睡过）。（张伯敏《重逢的时候》）

【辨析】

1. 反喻与舛互

反喻是从所要说的事物的相反或相对的方面设喻，指出事物不具备某种属性，这种用否定形式构成的比喻就是反喻。反喻有两种形式：一是否定性喻词出现在本体和喻体之间。二是在完整的比喻即“本体—喻词—喻体”的格局前出现否定性词语；舛互是指对某一事物既全部肯定又部分否定，或者既全部否定又部分肯定。肯定，是为了衬托、强调否定部分；否定，是为了衬托、强调肯定部分。

2. 借代与借喻

人们对借代和借喻往往发生混淆，特别是当喻体或代体都表示事物而不表示性状、行为、动作时，难以将两者区分清楚。传统的区分方法是：（1）借喻可以改为明喻，借代则不能。（2）借喻重在“喻”，即比喻；借代重在“代”，即换名。要区分借代和借喻，主要看意义：借代的本体和代体之间有比较实在的关系，能相互代替，而借喻的本体和喻体之间无实在关系，只是比喻的关系，不能代替。同时以“借喻可改为明喻，而借代则不能”的鉴别方法作为辅助手段。如：“五十与一”是用年龄来代人，“五十”代五十岁的鲁迅，“一”代一岁的海婴，它不能换成明喻，不可以说成“鲁迅像五十，海婴像一”。而“那上面（指印有国王肖像的金币）就有几只梨”就是比喻的说法，可换成明喻“国王的肖像就像梨”。再如，有一则笑话，题为《被子和裤子》，讲的是：从前有个姓钱的人，整天在外赌钱，越输越赌，越赌越输，输得家里只剩下两块门板了。晚上睡觉时，上面盖一块，下面垫一块。实在吃不消，就扛起门板去弟弟家求援。到弟弟家时，看到弟弟没穿裤子，手拉着没底的缸站在地上。原来弟弟也是一个赌魁，连裤子都输掉了。这时，他又羞又愧，猛地大吼一声：我恨不得搬起我的“被子”砸掉“你的裤子”。最后一句，采用的是借喻法，本体和喻体之间的联系不是实在的，只存着比喻关系。借喻和借代是有联系的。形式上分别出现“喻体”和“代体”。意义上都有“借”的性质，因而难以区分，于是有人曾提出，取消借代，将借喻和借代合并称为喻代。

3. 比喻与讽喻

比喻也不同于讽喻，虽然两者都有“喻”的成分，比喻是打比方，目的是使表述具有生动性和形象性。讽喻是用故事、典故来说明一个道理，目的是使表达具有说服力。

4. 象征与比喻

比喻也叫譬喻，就表达的题材而言，比喻往往是以字句为主，而象征却常牵涉到篇章；就表达的方式而言，比喻的本体通常相当明确，而象征的意义却比较暧昧；就表达的意象而言，譬喻的喻体与本体是两个意象而各自独立（例如君子与松柏），而象征却与意象结合为一。

比拟 仿拟

比拟

有一则小幽默，题为《铜臭惊人》：

甲、乙、丙三人打赌，看谁能在臊臭的狐狸洞里呆得最久。

甲进去不到一分钟，他便认输了——捂着鼻子跑出洞来。

乙也强不了多少，他只比甲多呆了一分钟。

丙进洞老半天了，还不见他出来。

突然间，一只狐狸窜出来大叫道："这人真贪财，他的铜臭比我的狐臭更臭，竟把我熏出来了！"

这段文字把狐狸当作人来写，赋予狐狸以人的言语表达，这种方法叫比拟。

比拟，又叫转化。是指描述一件事物时，转变其原来性质，化成另一本质截然不同的事物，而加以形容叙述。也就是根据表达的需要，故意把物当作人，把人当作物或把甲物当作乙物，或把抽象概念当作具体事物来描述。它分为拟人和拟物两大类。

1. 拟 人

拟人是事物的人性化，把人以外的事物当作人来描写，赋予人的动作或思想感情。拟人分为三种类型。

（1）把无生物拟人化。如：

皱纹走到一个人的跟前，对他说："如果你笑，我就留在你的嘴边，如果你哭，我就躺在你的身边。"

这人灵机一动，决计智胜皱纹："我既不笑，也不哭，看你怎么办。"

"然而，他不能不思考。"皱纹想。

结果他在思考的时候，皱纹便爬上了他的额头，接着出现在他的两眼旁和嘴角边。因为在思考的时候，他既有哭，也有笑。

"皱纹"本是无生物，这里把无生物拟人化，赋予皱纹以人的情感动作，它像人一样能说会道，能思考。

（2）把有生物拟人化。如：

粉红的海棠，含着幸福的微笑。（谢冰莹《爱晚亭愁恋）

猎狗追赶着羚羊。"你永远也追不上我的。"羚羊说。"为什么？"猎狗问。

羚羊回答："我奔跑是为了生存；你奔跑呢，只是为了讨好主人罢了。"

猎狗和羚羊都是有生物，这里把有生物拟人化，使它们像人一样对话。

（3）把抽象概念拟人化。如：

从前有个人，生活很快活。有一次，他忽然想要弯腰看看自己的欢乐在不在，可是，他一弯下腰，欢乐却不见了。于是他走遍山川河谷、森林田野，去找自己的欢乐。别人的各种各样的欢乐他都见得不少，但就是看不到自己的欢乐。他弯腰曲背，找遍了每一个角落，失去的欢乐还是没有找到，这时他直起腰对自己说：“不找了，丢就丢了，有什么办法呢，难道要弯腰走一辈子吗?”但说也奇怪，当他一直起身子，只听得一声“我回来了!”欢乐到了他的身上。

“欢乐”是个抽象概念，作者把它拟人化，使它像人一样地说出“我回来了”。

以上分类是为了阐述的方便，在言语活动中，拟人的类型常常是融为一体的。如有一首短诗：

微风发出轻轻的呼唤，
吻它淘气地搅碎的漪涟；——把“微风”拟人化
西天的云霞紫光灿烂，
被落日吻得羞红了脸；——把“云霞”拟人化
火焰噼啪地窜过树干，
为了痛吻另一朵火焰；——把“火焰”拟人化
而杨柳，柔枝低低弯垂，
去回吻那多情的河水。——把“杨柳”拟人化

2. 拟 物

所谓拟物或是人的物性化，把人当作物来写，或把此物当作彼物来写。它也有三种类型。

(1) 把人当作物。如：

心弦、密吻、A姊、B妹、我的爱、死般的、火热的、温温地……颠而倒之，倒而颠之，写了一篇又一篇，写了一本又一本。

再写一些，好了，悲哀，苦闷，无聊……又是一大本。

然而终于自己也觉得有些单调了，于是骂人。

A是要不得的，B从前还好，现在堕落得不可救药了；再看

C吧，我说到他就讨厌，他是什么东西！……这样那样，一凑，一凑又是一大本。（刘半农《老实说了吧》）

“A、B、C”原都是指那些爱情作品中塑造的人物，这里说“C”，“他是什么东西”是把人当作物来写，即将人拟物化。

（2）把此物当作彼物。如：

①不管怎样，且把这矛盾重重的诗篇埋在坎下，它也许不合你秋天的季节，但到明春准会生根发芽……（郭小川《团泊洼的秋天》）

②老支书直截了当地下达了任务：“让你带一队人马牵黑龙潭的水”。

例①把“诗篇”比拟成能够生根发芽的植物。例②把“黑龙潭的水”当作牲畜来“牵”，是把甲物比拟成乙物来写。

（3）把抽象概念当作具体事物。如：

我最珍惜时间。我愿意站在街角，手中拿着帽子，乞求过往行人把他们不用的时间扔在里面。（《乞讨时间的人》）

“时间”是抽象概念，这儿把它当作具体可感的东西来写，看得见，摸得着，并能放进帽子里。又如有一句名言：“一两的身教等值于一吨的说教”。“身教”和“说教”都是抽象事物，这里把它当作具体事物来写，可以用重量单位“两”和“吨”来称量。

仿拟

“先生，您知道世界上最尖锐最锋利的是什么吗?”

“不知道。”

“就是您的胡子呀。”

“为什么?”

“因为我发现您的脸皮已经够厚的了，它们居然能破皮而出。”

“破皮而出”是模仿“破土而出”而产生的一个新词语，在言语活动中，故意模仿现成的词语句篇而仿造新的词语句篇，这种手法叫仿拟。仿拟能使事物形成矛盾对立，使言语犀利明快。仿拟有三种类型：仿词、仿句、仿篇。

1. 仿 词

仿词是仿现成的语词而临时产生新词。它在现成的语词的对举下，更换语词的某个词或语素临时仿造新词。有一则题为《越南“名人”》的对话：

甲：咱们越南人在世界上很有名气，如卫生部的孙失松先生，实在是世界上少有的人才。

乙：名字叫孙失某，又很有名气的，在咱们越南可实在太多了，各个部门都有。

甲：名字叫孙失某的名人哪有那么多呀？你举出几位来让我听听。

乙：如果我说得不对，请诸位纠正，并给以补充。教育部的孙失学先生，通讯宣传部的孙失实先生，外交部的孙失信先生，内务部的孙失德先生，劳动部有孙失业先生，至于国防部嘛，则有孙失败先生。

这段对话，仿“孙失松”而产生了“孙失某”，仿“孙失某”接二连三地产生了“孙失学、孙失实、孙失信、孙失德、孙失业、孙失败”这些新名人。通过仿词辛辣地讽刺了越南当局由于发动侵略战争，在政治、经济、外交、教育，国防等方面面临严重危机的可悲局面。

仿词大多具有偶发性（有人因此将仿词看成拈连的一种——反连)。比如：

阴谋——阳谋　　大众化——小众化

新闻——旧闻　　老头子——小头子

先进——后进　　文化人——武化人

女士——男士　　一哄而散——一哄而集

公理——婆理　　人道主义——兽道主义

流寇——流官　　一筹莫展——半筹莫展

这些词语是言语活动中出现的偶发词语，它的产生和存在，与具体而特定的修辞目的密切相关，同表达者个人的言语技巧有着密切的联系。它们最突出的特点就是“偶发性”，有些偶发词语，对具体的言语环境依附性极强，脱离了具体的语境或上下文，往往不为人们理解，不为社会接受。如“大老细”是靠“大老粗”的对举而存在的，没有“大老粗”作对举，“大老细”就不为人们理解和接受。

偶发词语在言语交际中有一种使用频率日益增大的趋向，并且有些偶发词语也无需对举即可单独使用。

2. 仿　句

故意摹拟、仿造现成的句法格式叫仿句。如《厨师的情书》：

年轻厨师给女友写情书："亲爱的，无论在煮汤或炒菜的时候我都想念你！你简直像味精那样缺少不得。看见蘑菇，我就想起你的圆眼睛；看见猪肺，想起你红润柔软的脸颊；看见鹅掌，想起你的纤长手指；看见绿豆芽，想起你的腰肢。你就如同我的围裙，不能没有你。答应嫁给我吧，我会像侍候熊掌般地侍候你。"

女友给他写了封回信："我也想起过你那像鹅掌的眉目，像绿豆芽的眼睛，像蘑菇的鼻子，像味精的嘴巴，还想起过你那像雌鲤鱼的身材。我像鲜笋那样嫩，未够火候，出嫁还早哩！顺便告诉你，我不打算要一个像熊掌的丈夫。"

厨师给女友的情书以烹调用语作比，表达了对女友的爱恋，读来引人发笑。女友模仿厨师的言语，同样以烹调用语作比，明确答复了厨师。模仿句法，颇具情趣。

3. 仿 篇

仿篇是故意模仿现成作品的结构和语言。如鲁迅《我的失恋》：

我的所爱在山腰；
想去寻她山太高，低头无法泪沾袍。
爱人赠我百蝶巾；
回她什么：猫头鹰。
从此翻脸不理我，不知何故兮使我心惊。
我的所爱在闹市；
想去寻她人拥挤，仰头无法泪沾耳。
爱人赠我双燕图；
回她什么：冰糖葫芦。
从此翻脸不理我，不知何故兮使我糊涂。

我的所爱在河滨；
想去寻她河水深，歪头无法泪沾襟。
爱人赠我金表索；
回她什么：发汗药。
从此翻脸不理我，不知何故兮使我神经衰弱。
我的所爱在豪家；
想去寻她兮没有汽车，摇头无法泪如麻。
爱人赠我玫瑰花；
回她什么：赤练蛇。
从此翻脸不理我，不知何故兮——由她去罢。

对于该诗，胡尹强在《鲁迅：为爱情作证——破解〈野草〉世纪之谜》中称：《我的失恋》的创作有两种可能。一是讽刺当时文坛上盛行的“哎哟喂，我要死了”的失恋诗，为的是警醒当时的青年不要为小情小爱蒙蔽眼睛。只是无意识的在鲁迅最后整理诗稿时才惊奇地发现它竟然渗进了自己对许广平的一些情感心绪，于是鲁迅把《我的失恋》收录到了《野草》，以此消除自己彷徨、苦闷、焦虑的心情。二是根据鲁迅的解释是为了讽刺当时盛行的失恋诗，这也许是一种掩饰，可能是鲁迅和许广平的爱情在焦虑彷徨时的一次小捣乱或者是调侃。

对于文中四样送给爱人的东西，读者以为是为了打油诗的夸张效果而信口胡扯，却没有想到：猫头鹰是鲁迅所钟爱的，他常用鹰的相关意象作笔名。冰糖葫芦是鲁迅爱吃的，发汗药是鲁迅生病时常用的，赤练蛇是鲁迅爱看的。

再看当时的具体情境：所寻之人，不过在山腰而非山顶，要走是可以到达的。在闹市，仍有遇见的可能。在河滨，河水深可以划船。在豪家，没有汽车步行岂非不可？但是为什么仍是这么难见呢？这是暗喻鲁迅和许广平在爱恋中的一种煎熬：诗人很希望和心爱的人单独见面聊天，可是他们是师生，尽管上课或者课间可以见到，但是单独相处确实是非常难的。对于爱恋中的情人来说，秘密恋爱，是非常痛苦之事。但是当时的社会环境并不容许他们的恋情。

鲁迅在《影的告别》里说："你还想我的赠品。我能献你甚么？无已，则仍是黑暗和虚空而已。"爱的人赠的都是美好的礼物，代表她一份真挚清澈的爱情，而诗人自愧，唯送给对方自己喜欢的东西，以表自己的心。可是这并不能表示诗人觉醒到这份爱情的力量，只能是在现实和生活的压迫下，发出了："由她去罢"的感叹。

鲁迅先生的这首诗是仿张衡《四愁诗》而作，在创作上采用了仿篇的手法。《四愁诗》原文是：

我所思兮在太山，
欲往从之梁父艰，侧身东望涕沾翰。
美人赠我金错刀，何以报之英琼瑶。
路远莫致倚逍遥，何为怀忧心烦劳。

我所思兮在桂林，
欲往从之湘水深，侧身南望涕沾襟。
美人赠我琴琅玕，何以报之双玉盘。
路远莫致倚惆怅，何为怀忧心烦伤。

我所思兮在汉阳，
欲往从之陇阪长，侧身西望涕沾裳。
美人赠我貂襜褕，何以报之明月珠。

路远莫致倚踟蹰，何为怀忧心烦纡。

我所思兮在雁门，

欲往从之雪雰雰，侧身北望涕沾巾。

美人赠我锦绣段，何以报之青玉案。

路远莫致倚增叹，何为怀忧心烦惋。

此外，鲁迅先生还曾仿拟过崔颢《黄鹤楼》做了这样一首诗：

阔人已骑文化去，此地空余文化城。

文化一去不复返，古城千载冷清清。

崔颢《黄鹤楼》原诗是：

昔人已乘黄鹤去，此地空余黄鹤楼。

黄鹤一去不复返，白云千载空悠悠。

【辨析】

1. 比拟与比喻

比拟和比喻都以“比”为基础，关系非常密切，但是，比拟和比喻的区别也是比较明显的：(1) 比拟重在“拟”，即将甲事物当作乙事物来写。而比喻的重点在“喻”，即以乙事物“喻”甲事物，形象地说明一件事、一个道理。甲、乙两事物一主一从。(2) 比喻反映的是事物之间的相似关系，不论哪种类型的比喻，都一定要出现喻体。而比拟反映的是事物之间的交融关系，比拟中始终不出现“拟体”，只出现“本体”，如“礁石变成这个样子，是叫浪花咬的”。在这个比拟中，本体是“浪花”，“咬”是将无生物当作有生物来写，拟体是指人或其他动物，它们在比拟中无需出现。

2. 比拟与仿拟

比拟和仿拟都有“拟”的成分，而比拟是将物当作人来写，将人当作物来写，将甲物当作乙物来写，或将抽象概念当作具体事物来写，而仿拟注重模仿现成的词、语、句、篇，以仿造新的词、语、句、篇。

倒反 双关 拈连

倒反

大哥和大嫂是一对令人羡慕的夫妻，彼此感情很好，但就是喜欢抬杠。某日大哥带大嫂去买衣服，大嫂看了半天，总看不上一件，每次征求大哥的意见，大哥总是说好看。最后大嫂很不耐烦地说："你这人就是这样随随便便！"

大哥答道："当初我就是这样随随便便地挑上了你。"

大哥对大嫂开了个玩笑，并用"随随便便"作为戏言。大哥选用这个词不是取它的本意，而是正话反说。这种言语表达方法叫倒反。倒反有两种情况：非讽刺性倒反、讽刺性倒反。

1. 非讽刺性的倒反

运用跟本意相反的词语来表达本意，只有戏谑的意味，没有嘲讽的意味。有人将它看成是"倒辞"。正确地运用它，能使表述生动活泼。如王汶石在《新结识的伙伴》中有一段文字：

最后，张腊月无可奈何地笑骂道："我现在才认识你，你是个顶坏顶坏的女人啊!”她们俩人，虽说只相处一天，可她们的友谊是那样诚挚深厚。

这里的“顶坏顶坏”实际上是“顶好顶好”的意思，张腊月这样正话反说更能体现出她的性格。

2. 讽刺性倒反

运用与本意相反的词语来表达本意，含有嘲讽意味。有一则小幽默题为《男人的好处》:

男人婚前的好处很多：看电影为你买票，坐车为你开门，上馆子为你夹菜，写情书为你解闷，表演“此情不渝”的连续剧让你观赏。

男人婚后的好处也很多。

他看你总是心不在焉，使你省下许多化妆费。

他使你成为烹饪名家：“那天在馆子里吃的那道菜好吃极了，哪天你烧来尝尝。”你不得不看三百多个食谱，才找到这道名菜。

他锻炼你的能力：“怎么连插头也不会修？怎么连保险丝也不会接？怎么连路也不会认？怎么连……”最后你什么都会了。

他培养你各种美德：给微少的家用教你“节俭”；用“结了婚的女人还打扮什么”教你“朴实”；用“死盯着别的女人不放”来教你“容忍”。

简直可以说女人的完美是男人造的。

这里讲了男人婚后的四个好处，实际上这些并非好处，而是正话反说，讥讽了一些男人的大男子主义。

双关

爱喝酒的职员K君两天不上班，经理留下“7954”四个数字在他办公室桌上，职员回来，不明原委，就去请教女秘书。秘书说：“经理说的是国语，说你吃酒误事。”K君于是在数字后面画了一只“蝉”送还经理，经理笑笑：“孺子可教也。”过了些时候，职员故态复萌。经理在“蝉”的尾部加了一道“白烟”仍交给他。职员又去请教女秘书。秘书说：“前次经理责怪你‘吃酒误事’，你说‘知了’，现在你醉酒如故，经理骂你知了个屁。”

这是题为《哑谜》的幽默故事，7954表面看是数字，经理利用同音近音的关系责怪K君“吃酒误事”，这种修辞方法称为双关。双关是一语同时关顾到两种事物，在一定语言环境中利用语句的同音和多义的条件，使语句具有双重意义，言在此而意在彼。双关分为谐音双关、词义双关、句义双关。

1. 谐音双关

谐音双关是利用同音或近音的条件构成的双关，一个字除本字所含的意义外，又兼含另一个与本字同音近音的字义。如：

学生多四眼，勤读成“进士”（近视）。

李鸿章有个远房亲戚，不学无术，却去参加考试。试卷到手，他一个字也答不出来，焦急中，他连忙在试卷上写上“我是当朝中堂大人李鸿章的亲戚”，无奈又不会写那个“戚”字，竟写成了“我是李中堂大人的亲妻！”主考官阅考后，批道：“所以我不敢娶（取）！”“娶”和“取”构成谐音双关。

2. 词义双关

词义双关是一个词在句中兼含两种或多种意思。如：

往后的日子，儿子开始在下课后被留下来，开始了他自己说的留学生涯。理由是字写得太丑了，留下来继续学写字。（小野《青铜小子》）

“雅”要地位，也要钱。古今并不两样的，但古代的买雅，自然比现在便宜，办法也并不两样，书要摆在书架上，或者抛几本在地板上，酒杯要摆在桌子上。但算盘要放在抽屉里，或者最好放在肚子里。（鲁迅《病后杂谈》）

这里鲁迅先生利用“算盘”的本义和引申义巧妙地构成双关，表面是说具体的算盘，实际是指“心机”，讽刺意味较浓。

3. 句义双关

句义双关指一句话或是一段文字双关到两件事。

美国是一个黄金的国家，对的，但黄金不是洒在地上，洒在地上的黄金大家都可蹲下去拾，而是吊在半空中的，长得高的人才拿得到，我不是指形体上的高，而是指才能高过别人的。（于梨华《变》）

拈连

美国影片《戴斯蒙医生的十三个牺牲品》在奥地利放映后，某评论家在奥地利《快报》上发表了一则影评。总共一句话：“我是第十四个。”这一句的影评被众称妙。影评家利用拈连手法，顺着片名，说作为观众的他是第十四个牺牲品。既含蓄、风趣，又有力地讽刺了那部糟糕的影片。

在言语表达中，甲乙两个事物连在一起叙述时，把本来适用于甲事物的语词拈来用于乙事物，或根据上文出现的词，仿造一个反义词语用于下文，这种手法叫拈连。拈连分为顺连、反连、义连。

1. 顺 连

顺连是顺着甲事物的意思向下连贯，用于乙事物，它是顺势建立的一种巧妙联系，甲乙双方互为联系，又互为映衬。

1929 年 1 月，著名戏剧团体“南国社”应晓庄师范陶行知的邀请，在田汉带领下前往晓庄演出。当晚，全体师生和周围农民举行欢迎会。陶校长致辞说：“今天我以‘田汉’的资格欢迎田汉。晓庄是为农友而办的学校，农友是晓庄师生的朋友，我们的教育是为种田汉而办的教育。所以我是以一个‘种田汉’代表的资格在这儿欢迎田汉……”田汉答辞：“陶先生说，他是以‘田汉’的资格欢迎田汉，实不敢当。我是一个假‘田汉’，陶先生是个真‘田汉’，我这个假‘田汉’能够受到陶先生这个真‘田汉’以及在座的许多真‘田汉’的欢迎，实在感到荣幸！”陶行知的欢迎辞和田汉的答辞博得全场的热烈掌声。陶先生用顺连的手法，就田汉的名字顺引出“我是种田汉”，“我以种田汉的资格欢迎田汉”，致辞巧妙，情真意切。而田汉答辞时谦称自己是个假田汉，称陶先生和农友是真田汉，答辞自如，意味深长。

又如：甲乙两个偶然一起吃咸蛋，甲奇怪地问道：“我过去吃的蛋都是淡的，这个鸭蛋怎么是咸的呢?”乙不懂装懂地说：“这事我最清楚，幸亏你问我。这个咸鸭蛋是咸鸭子生的呗!”

“咸”本来用于“蛋”，这里顺手拈来用于“鸭子”，说是“咸鸭生的”，拈得自然，错得滑稽。

2. 反 连

根据前文用于甲事物词语的意思，在后文拈出意义相反或相对的词语来，即仿词（详见本书仿词）。

3. 义 连

义连就是将表示甲事物的词语，用来和乙事物连接，产生意义上的巧妙联系。有一则幽默题为《中学影视》：

课堂提问：《哑女》《哑姑》

老师来了：《这里的黎明静悄悄》

班主任：《垂帘听政》

数学课：《R4之谜》

化学课：《精变》

语文课：《老北京的叙说》

外语课：《天方夜谭》

美术课：《赤橙黄绿青蓝紫》

生物课：《血疑》

自习课：《大闹天宫》

考试前：《顾此失彼》

考试后：《莫斯科不相信眼泪》

宣布成绩：《悲惨世界》

家长会后：《今夜有暴风雪》

转学后：《勿忘我》

这里用一系列不同电影的片名与20世纪80年代中学生中发生的不正常现象相拈，产生意义上的关联，由于联得巧妙，让人感到新鲜活泼，增强了语言的表现力。

【辨析】

1. 倒反与双关

倒反是正话反说，或戏谑，或讽刺。而双关是在一定的言语环境中，利用语句的多义和同音条件，或借用可作两种或多种理解的语句，使语句具有双重意义，言在此而意在彼。

2. 双关与拈连

（1）拈连是利用上下文的联系，把用于甲事物的词语巧妙地用于乙事物。它的特点在于“词语的巧妙移用。”如“长长的线儿来回飞舞……缝啊缝啊，春风绕着长线荡漾，暖流跟着针眼流淌。这破洞曾收进了多少风寒，此刻，又缝进了多少温暖！”（王宗仁《缝》）“温暖”是不能缝的，这里从上文拈来连在下文中，让“缝”同“温暖”巧妙地连在一起，表现了军民的深厚情谊。双关的特点在于含蓄地“影射”出另一件事物，言在此而意在彼。（2）从形式上看，拈连的甲乙两事物，甲事物往往是具体的，在前，如“线儿”。乙事情是抽象的，在后，如“温暖”；而双关指一语二义，有一箭双雕之妙。

3. 双关与桑槐

双关与桑槐。双关是利用词语的音义条件，构成词语的双重意义，表里之间没有相似处；桑槐格以词句组成“骂”，表和里（也就是桑和槐）之间有相似点，没有相似点就不能构成桑槐格。

回环 回文 顶针

顶针

小妹讲话一向拐弯抹角，常常令人生厌，父母一直想改掉她这个坏习惯，却没办法。

有一天，爸爸妈妈终于想出了一个办法：妈妈要小妹和她下棋，若输了，小妹就要立誓讲话不再绕来绕去。若击败妈妈，则加发一个礼拜的零用钱。

小妹要求爸爸做她的军师。

下到半局时，小妹节节失利，急忙求助军师，但爸爸只说一个字：“千！”

小妹不解，再度求援，爸爸还是老话：“千！”

最后小妹被妈妈将死。小妹大叫道，“不公平，我的军师背叛”。

爸爸道：“背叛？我说‘千’，‘千’就是穷，穷者是喻我，我姓彭，彭即彭祖，彭祖活了八百年，八百年只不过是铁拐李打个盹，打盹就是睡，睡就是眠，眠就是死，死于帝王为崩，于诸侯为薨，于平民为卒，怎么说我背叛呢？”

小妹哑口无言，乖乖地痛改前非。

"军师"的话首尾蝉联，在言语表达上采用了顶针的方法。顶针又叫顶真或联珠，它用前句的末尾作后句的开头，首尾相连，使邻接的语句或言语片断上传下接，首尾蝉联。顶针的运用能使句子结构整齐，语气贯通，而且能使事情环环相扣。

楚山泰山皆白云，白云处处长随君。

长随君；君入楚山里，云亦随君渡湘水。

湘水上，女罗衣，白云堪卧群早归。

这是唐代大诗人李白的《送刘十六归白云歌》，这首诗运用顶针法给人以一气呵成之感，收到流畅如行云的艺术效果。

断肠人寄肠词，词写心间事。

事到头来不自由，自寻思，思量往日真诚志。

志诚是有，有情难似，似俺那人儿！

这是元人无名氏所作的小令（越调）《小桃红·情》，小令以自述的口气描写一个年轻妇女对爱情的忠贞不渝，小令运用了顶针，句与句之间连绵而下，很好地表现了主人公缠绵悱恻的满腔柔情。

顶针有宽式顶针和严式顶针之分，两者的共同特点是：前句和后句首尾相同。区别在于：严式顶针中，相同的部分一定在前句句尾和后句句首。而宽式顶针中，相同的部分，位置可以略有变更，只要是在前句的结尾部分和后句的开头部分即可，如"不自由"和"自寻思"。

顶针还可出现在句中和句与句之间。

（1）句中顶针。如：

春风吹花花怒开，春风吹人人老矣。（谚语）

有意栽花花不发，无心插柳柳成荫。（谚语）

抽刀断水水更流，举杯消愁愁更愁。（李白《宣州谢眺楼饯

别校书叔云》）

（2）句与句之间的顶针（又叫联珠法）。如：

风酩酊地吹着，吹得街上只你一个人踉跄，踉跄走着。（许达然《画风者》）

回文

一位佚名作者在广东某地的一座观山古寺壁上，题了这样一首回文诗：

悠悠绿水傍林偎，日落观山四望回。
幽林古寺孤明月，冷井寒泉碧映台。
鸥飞满浦渔舟泛，鹤伴闲亭仙客来。
游径踏花烟上走，流溪远棹一蓬开。

这首诗可顺读，可倒读，顺读或倒读都是一首盎然有趣的写景诗：山上孤寺，山下绿水，林木相偎，明月高照，渔舟轻泛，仙鹤伴客，这种以字为单位、顺念回念都可成文的手法叫回文。回文具有“来复美”。

据刘勰《文心雕龙》所载，回文诗最早由道原所创，但今已失传，现在人们能够见到最早的回文诗中，最有影响的要算东晋女作家苏惠的《回文璇玑图》，诗共八百四十一字，题于一块八尺见方的锦缎上，纵横往复，皆可成句。此后，回文诗就流传下来。如清代张奕光有一首题为《岳武穆王墓》的回文诗：

今古垂芳遗庙立，拜瞻空恨一秦奸。
森森柏树枝南向，凛凛忠魂夜北看。
心赤负冤沉狱死，草青埋骨痛碑残。
钦徽是日无家返，深怨谗书封蜡丸。

这里采用了回文辞格，全诗不论正读倒读均可成诗，那种沉郁悲愤，痛恨奸臣，敬仰忠烈之情溢于字里行间。回文法在词中也有运用，如苏轼《菩萨蛮》词：

雪花飞暖融香颊，颊香融暖飞花雪。

欺雪任单衣，衣单任雪欺。

别时梅子结，结子梅时别。

归不恨开迟，迟开恨不归。

除了诗词采用回文辞格外，幽默故事、文字游戏、小品等也运用回文。不仅仅是汉语，其他民族语言中也有使用回文法的现象。如有一则小品，题为《末日》：

末 日

［美］弗雷德里克·布朗

琼斯教授多年一直在研究时间。

“我终于发明了一台机器。”他对女儿说：“它可以把我们带回到过去。”

他按了一下机器的电钮，并说：“机器能让时间往回走。”

“。走回往间时让能器机”：说并，钮电的器机下一了按他

“。去过到回带们我把以可它”：说儿女对他“。器机台一了明发于终我”。

间时究研在直一年多授教斯琼

朗布·克里德雷弗［美］

日 末

这则小品，采用了回文法，它可以依字倒读。

再如法国皇帝拿破仑在巴黎陷落后，被放逐到地中海上的厄尔巴荒岛，据说也讲了这么一句用回文表达的名言：

Able Was I ere I saw Elba. ——我见到厄尔巴之前，曾经不可

一世。

在这句话中，句子首尾的词语是分别对称的，都是以处于句子中心位置的 ere 为对称轴，ere 又以 r 对中心轴。

回环

所谓回环是指上下两句，词汇大多相同，而词序恰好相反，利用词语回环往复，可正说也可反说。如：

①用“爱情”、“浪漫”、“没结果”三个词任意排列组合都是真理：浪漫的爱情是没有结果的；没结果的爱情是浪漫的；爱情是浪漫、没有结果的。

②网仍在他们手里，但网不住柔情一般的水，水一般的柔情。（王鼎钧《夏歌》）

③我爬到了阿里山上，只见茫茫云海，云海茫茫。（佚名《故乡》）

④他们活着是为了吃饭，而我吃饭是为了活着。”（亚里士多德语）

回环有四种类型：依词回环、错综回环、增词回环、换词回环。如：

①问题的愚蠢，愚蠢的问题……

②来者不善，善者不来。

③科学需要社会主义，社会主义更需要科学。

④总理为人民，人民爱总理。

这四例正好说明了回环的四种类型：例①是依词回环。前后两句的词语排列次序依次相反。例②是错综回环，词语错综开来。例③是增词回环，为了强调，回文在回变时，增加了一个

“更”字。例④是换词回环，将“为”换为“爱”。

回环和顶针可以结合使用。如：

宇宙即人生，人生即宇宙。（梁启超《为学与做人》）

针不离线，线不离针。（谚语）

【辨析】

1. 回环与回文

（1）回文是利用读音来复的特点，即以字为单位（或外语的字母为单位）顺念回念都可成文；而回环是利用词语来复，即上句与下句的词语次序正好相反。（2）回文在回念时，只能依字回念，次序是固定的，而回环的次序是交错的，只有“依词回环”可以依词回念，而“错综回环”“增词回环”和“换词回环”则不能回念成文。

2. 回环与顶针

一个抽烟的人在路上走着走着，烟瘾上来了，他掏出一盒火柴，迎风划火，一边划一边给自己立下规定。“抽烟不过三，过三不抽烟!”三根火柴划过了，烟没有点着。于是他大声说：“抽烟不过七，过七我不吸!”又划了四根火柴，烟还是没有点着。他轻轻地安慰起自己来，“管他三七二十一，啥时点着啥时吸!”“抽烟不过三，过三不抽烟”是回环，上句的尾和下句的头相同，均是“过三”。下句的尾和上句和头相同，均是“抽烟”。而“抽烟不过七，过七我不吸”是宽式顶针，上句的尾和下句的头相同。总之，回环与顶针的区别是：（1）回环要求上句的尾和下句的头相同，同时下句的尾和上句的头相同。而顶针只要求上句的尾和下句的头相同。（2）回环的结构是“甲——乙，乙——甲”。顶针的结构为“甲——乙，乙——丙……”。

错同类反层排对
综异迭复递比偶

对偶

新婚之夜，苏小妹欲试新郎秦少游胸中之才，将秦少游拒之门外并出对曰：“闭门推出窗前月。”秦少游左思右想不得其对，徘徊长廊。苏东坡见状，虽替妹夫焦急，却又不便代劳。突然他灵机一动，拾起一块石子，投进盛满清水的花缸里。秦少游顿时醒悟，脱口而出：“投石冲开水底天。”苏小妹闻声大喜，急忙迎进新郎。

“闭门推出窗前月”与“投石冲开水底天”是一副工整的对联。

对偶又叫对联或楹联，在诗词中又称对仗。它是汉语所独有的传统言语表达形式。一对句子，需字数相同，音韵各异，平仄协调，对偶工整。所谓对偶，是指用一对结构相同或相似，字数相等或基本相等的语句来表达一个内容相对称的意思。

根据不同的标准可以将对偶分出不同的种类。

1. 对偶从形式上可分为严式对偶和宽式对偶

（1）严式对偶。严式对偶要求上下两句字数相等，结构相同，词性相对，平仄相对，不能重复用字。严式对偶又叫工对或工整对。如：

相传爱国英雄于谦少年时，才思敏捷。一次，有人出难题要他对对子，上联为“半夜二更半。”这一句五个字，首尾要用同样的字，这是第一难；第二字是名词，第一字和第二字要构成偏正式的复合词，这是第二难；第三字必须是数字，与第四字又要构成偏正式的复合词，这是第三难；对句和出句必须平仄相对，如“半夜”为仄仄，对句要平平，这是第四难。于谦略加思考，就工整地对出了“中秋八月中”，真是奇思妙想，对句工整。

又如：于谦年幼时，母亲把他的头发梳成双髻。一天，一个叫兰古春的僧人看到他这副模样，戏道：“牛头喜得生龙角。”于谦应道：“狗嘴何曾出象牙。”于谦回到家对母亲说：“今后不可梳双髻了。”过了数日，兰古春恰好路过学堂，见于谦头发梳成三岔，又戏道：“三角如鼓架”，于谦对道：“一秃似擂槌”。

（2）宽式对偶。与严式对偶相比，宽式对偶要求不太严格，它一般只要求结构大致相同、声韵基本协调。如：

一个外号叫“酒葫芦”的失业轿夫，每天必进杏花村酒店。一天有两位诗人在喝酒，看到“酒葫芦”坐到他们桌边，就对他讲：“你这位不速之客竟敢前来喝酒，咱们先来吟诗作对，你若赢了就让你喝三杯。”“酒葫芦”不甘示弱：“不妨不妨。”于是诗人甲先高声吟道：“天上飞凤凰，地下走绵羊，桌上放《春秋》，两旁站梅香。”诗人乙对道：“天上飞斑鸠，地下走黄牛，桌上放《礼记》，两旁站丫头。”“酒葫芦”对道：“天上飞鹞子，地上走豹子，桌上放亮子，两旁站小子。”并解释道：“鹞子展翅赛凤凰、斑鸠，豹子开口食绵羊、黄牛，亮子放火烧《礼记》、《春秋》，小子发狂戏梅香、丫头。”于是“酒葫芦”三杯酒下肚。

这里有两副对偶，诗人甲和诗人乙对了一副，诗人甲与“酒葫芦”也对了一副。这两副对联都是宽式对偶，只求字数相等，结构大致相同，允许在出句和对句中出现相同的字词，如“天上”、“地下”、“桌上”、“两旁”。

2. 根据出句与对句之间的意义关系分为正对、反对、串对

（1）正对。正对是指出句和对句在意义上相似、相补、相衬。如：

李鸿章、翁同龢是光绪皇帝的宠臣，一个做文华殿大学士，相当于宰相，合肥人；一个曾做过户部尚书，是司农，常熟人。这两人官高势大，人们写了副对联讽刺他俩：“宰相合肥天下瘦，司农常熟世间荒”。

这副对联利用二人的籍贯巧作对联，两句意义上相似、相补、相衬。

又如，有一年春节前夕，纪晓岚应一乡亲邀请，替乡亲写对联，他了解到，这户人家有三人，都是光棍，老大是个卖爆竹的，于是出了上联“惊天动地门户”。老二是个集市经纪，是专管买卖粮食过斗的，于是出下联“数一数二人家”。老三是个卖烧鸡的，根据他先杀鸡又卖烧鸡的特点，于是出了横幅“先斩后奏”。

这副对联上联和下联意义相补、相衬，是正对。

（2）反对。反对是指出句和对句在意义上相反或相对。如：

有位尚书大人闻知解缙出语不凡，想试探一下他的本领，便命人邀他到府上相见，但却中门紧闭，让他从偏门而入。解缙拒不从命，声言：“正门未开，非迎客之礼！”尚书闻报，便出门对曰：“小犬无知嫌路窄”，解缙应声答道：“大鹏展翅恨天低”。

尚书见解缙身着绿衣，便挖苦道：“出水蛤蟆穿绿袄”。解缙见尚书老态龙钟、身穿红袍，立即反唇相讥：“落汤螃蟹着红袍”。尚书见解缙对答如流，便大开正门以上宾待之。解缙共对成两副对联，出句和对句意义相反、相对。

（3）串对。串对是指出句和对句在意义上相关联，表示承接、连贯、递进、因果、假设、条件等关系的对子。如：

周渔璜任浙江主考。他初到杭州，一些考生听说他是蛮子，便认为他没有什么真才实学，就将他围住，借欢迎之名，故意难为他。其中一位考生高声问道：“洞庭八百里，波滔滔，浪滚滚，宗师由何而来?”

周渔璜凛然答道，“巫山十二峰，云重重，雾霭霭，本院从天而降!”

这群考生听了，顿时目瞪口呆。

串对的特点是：上下两句的意思互相依存，不能割裂开来，只有结合在一起，才能形成完整的语义表达。用串对构成的对偶句，其文势并非双峰并峙，而是一水奔流。上下句不但在语义上，有时在句法上也彼此相对，因此也有人称串对为流水对。

3. 根据字数的多少分类

可将对偶分为四字对，五字对，六字对，七字对，八字对，九字对，十字对，多字对（十字以上）。

四字对：山明水秀
　　　　政通人和

五字对：春来红日丽
　　　　雨过紫琅新

六字对：七尺甘为红烛
　　　　一生愿作春蚕

七字对：冷灰尚想尽微热
烬烛不忘献寸光
八字对：紫琅山下莺歌燕舞
通杨河畔人寿年丰
九字对：牛去虎来虎虎气盖世
物换星移星星火燎原
十字对：声声爆竹纷传四化喜讯
朵朵梅花争报改革佳音
多字对：坚持改革上上下下条条块块行行业业轰轰烈烈扎扎实实干四化
再展宏图家家户户男男女女老老少少兢兢业业认认真真建文明

4. 根据对偶在句中出现的位置来分

句中对：此时风平浪静，天和海是同样的颜色。（吴宏一《故园心》）

单句对：一弯柔美的浅笑，一烛不谢的凝视。（夐虹《蓝珠》）

双（隔）句对：百人走路，难逢一个带头；千人过水，不见一个先行。（谚语）

长对：酒，荡漾在玻璃杯里，琥珀般的艳红；笑，荡漾在她的唇边，红梅般的动人。（张秀亚《怀念》）

对偶中常常含有其他修辞格，如歇后、镶嵌、回文、双关、拆字、叠字、同异、反复、顶针、比喻、比拟、夸张等。如：

相传吕蒙正做官前家贫如洗，他曾在门口悬挂一对联，上联是“二三四五”，下联是“六七八九”，横幅是“南北”。

这副对联用的是歇后寓意法。上联缺“一”，谐音“缺衣”；下联少“十”，谐音“少食”。横幅的寓意是缺“东西”。此联幽默风趣，但也流露出了贫士的清苦。

京剧名旦程艳秋初由上海到北京登台，萧君撰联云：“艳色天下重，秋声海上来”。此联嵌进了“艳秋”，这是用的镶嵌法。从对联本身来看，所嵌之字可以是第一字，第二字或第三字，但以嵌第一字为常见，习惯上称它为“鹤顶”。“普天同庆，当庆当庆当当庆；举国若狂，且狂且狂且且狂。”这副对联采用的是反复法。杭州西湖有副对联：“山山水水处处明明秀秀，风风雨雨时时好好奇奇。”这采用的是叠字法。梅兰芳生前最喜欢的一副对联是“看我非我，我看我，我也非我；装谁像谁，谁装谁，谁就像谁”。这副对联同时采用了顶针法、回文法和回环法，将表演的技巧描绘出许多层次来，因而深得京剧表演艺术家梅兰芳的喜爱。

除了运用各种修辞格之外，有时对联中还出现一些文字游戏，此类对联有时也能给人以启发和思考。

对联有着悠久的历史。两千多年前，我国民间就有把桃枝插在门上避鬼魅的习惯（现在有些地区的农村在春节期间还保留着这种习惯），桃枝后来演变成桃符，即用两块桃木板，上面写一些类似狂草的字，据传桃木板上常写“神荼”和“郁垒”（左扇门上叫神荼，右扇门上叫郁垒，民间称之为门神），并将两块木块挂在两边的门上，以避邪妖。把画桃符变成在木板上写字，成为对联是五代时期的事，据《宋史·蜀世家》载，蜀主孟昶亲自写了一副春联挂在皇宫里：“新年纳馀庆，佳节号长春。”相传这是我国最早的一副对联。唐代今体诗的形成对于对联的广泛使用产生过重要影响。后来的文人学士突破了诗词的范围，撰写对联，或题咏，或馈赠，或自勉，或状景，或抒怀。

创作对联，除了要注意思想内容健康，具有时代精神外，还要符合对联的格式和特点。

首先是确定主题，然后根据主题立意。一副对联使用的对象（何人、何事、何物、何地），是属对的主题，上下联或各自抱定一个主题而各自独立为意，独立为境，或合拟一个意境，整体独立。其次是用字遣词注意字数相等，结构相同。工对还要求词性相对，而宽对不要求词性相对，只要结构大体相同，甚至允许上下联中词语有时相同。再其次，协调平仄声。汉字的阴平、阳平为平声。上声、去声为仄声。对联的字数从四字对到多字对均可，然而上下联同位排列的字必须平仄相反。

对联的形成比较复杂，各类对联都有具体的要求。它利用词义、词性、声韵等的巧妙配合，短短两句，互为依因，含义深刻，意境优美，韵味隽永，尺幅千里，既有实用价值，又给人美的享受，给人们的生活增添光彩。

排比

胆大而不急躁，迅速而不轻佻，爱动而不粗浮，服从上司而不阿谀奉承，忠于职守而不刚愎自用，胜而不骄，喜功而不自炫，自重而不自傲，豪爽而不欺人，刚强而不自傲，谦虚而不装假，认真而不迂腐，活泼而不轻浮，直爽而不幼稚……（列夫·托尔斯泰《战争与和平》）

这段话用排比的手法，从各个不同的侧面告诫人们应该怎样加强自身的修养。

所谓排比是用结构相似的句法，接二连三地表现出同范围同性质的内容。排比可以用来叙事、抒情或议论。

排比的类型有三种：短语排比、句子排

比、复句排比。

1. 短语排比

水流、花落、云移……我们的精神与大自然合而为一了。(张秀亚《谈静》)

离开人的观点而言，事物都混然无别，善恶、真伪、美丑就漫无意义。(朱光潜《我们对于一颗古松的三种态度》)

当你坐上早晨第一列电车驰向工厂的时候，当你扛上犁耙走向田野的时候，当你喝完一杯豆浆提着书包走向学校的时候，当你坐到办公桌前开始一天工作的时候，当你往孩子口袋里塞苹果的时候，当你和爱人一起散步的时候……朋友，你是否意识到你是在幸福之中呢?

2. 句子排比

我仍细数春日的柔雨，夏日的暴雨，秋日的苦雨，冬日的寒雨。(陈芳明《深夜的嘉南平原》)

有一则短文，题为《遗憾》:

人生的遗憾在于最美好的时刻不能重现；生喉炎的遗憾在于等你完全痊愈以后，才能向人谈起你的病；成功的遗憾在于等你把它弄到手后，它好像没有以前那样堂皇；扩音器的遗憾在于能扩大你说话的声音，而不能扩大你的观点；微波炉的遗憾在于饭已经做好而饭桌还没有摆好；身体健康的遗憾在于要保持健康使你精疲力竭。

这六个句子形成排比，叙说六种“遗憾”。

3. 复句排比

对渊博友，如读异书；对风雅友，如读名人诗文；对谨饬友，如读圣贤经传；对滑稽友，如阅读传奇小说。(张潮《幽梦影》)

排比的特点：一是构成排比的一组语句，一定要包含三项或三项以上的内容，它们的关系是并列的。二是排比常常带有提示语，提示语常常通过反复的形式来连接，结构紧凑，文脉贯通，语势强劲。

如：有一次，有人问俄国杰出的军事家亚·瓦苏沃罗夫(1730—1800 年)，在他看来，一个真正的英雄应该具有哪些品质？他回答说，一个真正的英雄应该是：

要勇敢，但是不能急躁；

要行动迅速，但是不能轻举妄动；

要机灵，但是要有决断；

要服从，但是不能卑躬屈膝；

要能统帅，但是不要盛气凌人；

要做胜利者，但是不能贪图虚荣；

要气度高雅，但是不能骄傲自负；

要亲切和气，但是不能虚情假意；

要坚定，但是不能固执己见；

要谦虚，但是不能言过其实；

要招人喜欢，但是不能举止轻浮；

要博得别人赏识，但是不能施展权术；

要善于洞察，但是不能诡计多端；

要坦率，但是不能疏忽大意；

要和蔼可亲，但是不能转弯抹角；

要为人效劳，但是不能图谋私利；

要坚决果断，但是不能顽固不化。

有人将这段话称为“一个真正英雄的十七个‘但是’”。这十七个用了“但是”的句子形成排比，告诫人们作为一名“英雄”在十七个方面应该怎样有分寸地处事为人。十七个排比句中都用了转折连词“但是”，这个提示语反复出现，增强了语言的气势。

古人云：“文有数句用一类字，所以壮气势，广文义也。”这是讲排比的作用，排比在表达中能加强语势，使语意畅达，节奏和谐。

在运用排比时，不要生硬地拼凑，要做到语意上相关，范围性质相同，结构力求相似，整齐匀称，并可重复某些词语，而且数量不少于三个。

层递

“左联”作家应修人有一首诗，题为《小小儿的请求》：

不能求响雷和闪电底归去，
只愿雨儿不要来了；
不能求雨儿不来，
只愿风儿停停吧！
再不能停停风儿呢，
就请缓和地轻吹；
倘然要决意狂吹呢，
请不要吹到钱塘江以南。
钱塘江以南也不妨，
但不要吹到我家底家乡；
还不妨吹到我家，
千万请不要吹醒我的妈妈！
妈妈醒了，
伊的心就会飞到我的船上来，

风浪惊痛了伊底心，

怕一夜伊也不想再睡了，

缩之又缩的这个小小儿的请求，

总该许我了，

天呀？

诗歌一层退一层，愿望“缩了又缩”，请求风“不要吹醒我的妈妈”，这种表述方法称为层递。

所谓层递是按照事物性状的大小、长短、高低、轻重、远近、难易、深浅等差别，有层次地叙述，表达客观事物的层级性，或逐层递增，或逐层递减。层递可分为递升和递降两种类型。

1. 递 升

递升是把事物按由小到大，由短到长，由低到高，由轻到重，由近到远，由易到难的顺序叙说下去，就像一步一步地爬台阶，是阶梯式的升高，这叫递升，又叫阶升。

如：痛苦使人沉思，沉思使人智慧，智慧使人对生活比较易于忍受。（周梦蝶《闷葫芦居尺牍》）

日本妇女一生中经历了女童、少女、中年、老年四个阶段，在这四个阶段中，她的社会地位是截然有异的。（夏小舟《日本的女人》）

某甲买了包五香豆边走边吃，乙向他讨豆吃，甲知道他熟悉历史，便说：“要吃豆可以，但有个条件：你只要说出一个古人，就给你一粒豆。”乙同意。于是乙说：“刘、关、张桃园三结义”，甲就给了他三粒豆。

乙接着说：“八仙过海显神通”，甲又给了他八粒豆。

乙又说：“梁山泊一百零八将”，甲只得把剩下的豆给了乙。

乙对甲说："你要是豆多的话，我还要说'曹操八十万人马下江南呢'！"

在这则笑话中，乙讲了四句话，数量上一层进一层，这是数量上的递升。

2. 递 降

递降是把事物按由大到小，由长到短，由高到低，由重到轻，由远到近，由难到易，由深到浅的次序说下去，就像在一步一步地下台阶，这种方法叫递降，又叫阶降或递减。

联合国前秘书长奎利亚尔在一份题为《八十年代的青年状况》的报告中指出："亚洲青年人数在世界青年总数中比例最大，约为60%，以后的顺序是：非洲——11%；南美洲——9%；欧洲——8%；北美洲——5%。"这种排列采用的是递减式，它是根据青年人占的百分比按由高到低的顺序排列的。

我们把递升和递减分开，是为了叙述的方便。事实上，在言语表达中，递升和递减是结合在一起使用的。有一则幽默故事，题为《恭维》：

某甲擅长恭维。一天，他请了几位小有名气的人来家中吃饭，准备施展一下自己的专长。他临门恭候，等客人们接踵而至的时候，挨个儿问道："您是怎么来的呀？"

第一位客人说："我是坐小汽车来的。"某甲立即用感叹加赞美的语调说："啊！华贵之至。"

第二位客人听了，一皱眉头打趣道："我是坐飞机来的！"某甲赞曰："高超之至！"

第三位客人眼珠一转："我是坐火箭来的！"某甲大喜曰，"勇敢之至。"

第四位客人坦白地说："我是骑自行车来的。"某甲话锋一转脱口而出："朴素之至！"

第五位客人羞怯地说："我是步行来的。"某甲合掌恭维："太好了，走路可以锻炼身体啊，健康之至！"

第六位客人故意出难题："我是爬着来的。"某甲真是词汇丰富，立即恭维："稳妥之至！"

第七位客人讥刺地说："我是滚着来的！"某甲并不脸红，哈哈大笑："啊，周到之至！"

第一位客人说坐汽车来的，第二位客人说坐飞机来的，第三位客人说坐火箭来的，后者比前者逐层升格，这属于递升。第四位客人说是骑自行车来的，第五位客人说是步行来的，第六位客人说是爬着来的，第七位客人说是滚着来的，从方式程度上来说是递降。

反复

有一首短诗，题为《但是不管怎样还是应该……》：

人们有时会缺乏理智，逻辑混乱，唯我独尊；

但是不管怎样，还是应该去爱他。

如果你勤勉向上，有人会指责你别有用心谋取私心；

但是不管怎样，还是应该去力争成功。

诚实和坦率会使你易遭伤害；

但是不管怎样，还是应该诚实坦率。

你今朝的善行，世人会在明晨淡忘；

但是不管怎样，还是应该多做好事。

胸怀大志的伟人往往失势于目光短浅的

庸夫；

但是不管怎样，还是应该胸怀大志。

人们虽然常常怜悯失意的弱者，却总是附炎于得志的权势；

但是不管怎样，还是应该去扶助某些弱者。

你多年建树的业绩可能毁于一旦；

但是不管怎样，还是应该努力建树。

献出你的全部精华去造福于人类，可能会使你陷入困境；

但是不管怎样，还是应该献出你的精华。

这首诗运用了反复的方法，让“但是不管怎样，还是应该”在诗中反复出现。

所谓反复是根据表达的需要，通过一遍一遍地重复个别词语或句子，以达到强调的目的。反复的威力是很大的，几乎任何一个用语，只要反复多次，最后总会产生特殊的言语表达效果。在言语交际中，反复的作用是不能忽视的，它能突出思想感情，分清层次脉络，加强节奏感，增添旋律美。反复分为隔离反复和连续反复。

1. 隔离反复

隔离反复是把相同的语句隔离开来使用，中间插进别的语句。秦兆阳有一首《无题》诗：

最应该记住的最容易忘记，

谁记住母乳的甜美滋味。

最应该感谢的最易忘记，

谁算过先行者的无数血滴。

最应该惊奇的最易忘记，

谁惊叹大地的无限生机。

参天树为什么要深深扎根，

是为了繁茂它绿色的生命。

历史的河流啊，长流不息，

流的是历史的深沉的思维。

这首无题诗选自秦兆阳的《大地》，诗中的“最应该××的最易忘记”在诗中形成隔离反复，几个“谁”也形成隔离反复。又如：

组织得好的石头能成为建筑；组织得好的社会规划能成为宪法和政策；组织得好的思想能成为好的逻辑；组织得好的词汇能成为好的文章；组织得好的想象和激情能成为好的诗篇；组织得好的事实能成为科学。

在这段文字中，“组织得好的”反复出现，这种反复也属于隔离反复。

2. 连续反复

连续反复是把相同的语句连续不断地使用，中间不插入别的语句。如：

吴敬梓的《儒林外史》中有一段文字：

从浦口山上发脉，一个墩，一个炮；一个墩，一个炮；一个墩，一个炮；弯弯曲曲，骨里骨碌，一路接着滚了来。

这里的“一个墩，一个炮”反复出现，是连续反复。又如：

巴尔扎克为《巴黎杂志》创刊号写了一篇小说，但还有一个人物的名字没有想好，他和戈日一同在街上看招牌，想从中得到点启发，就在最后的一条路上，巴尔扎克盯着路旁一扇歪歪斜斜、又狭窄又破旧的门，他突然大叫一声：“有了……有了！有了！你念念！你念念！你念念呀！”

戈日念了：“马卡！马卡！马卡！好了！”

这里的“有了”、“你念念”、“马卡”分别形式连续反复。

传统修辞学有所谓“同字”格，从传统的“同字”定义来看，所谓同字是把相同的字放在三个以上的句子的开头或结尾。有一篇短文题为《生活的艺术》：

一个明智的人早晚总会发现，生活是欢乐与悲哀、成功与失败、给予与获得的聚合体。

他知道能不为琐事而大动肝火对于成功是至关重要的。

他懂得不善于驾驭自己情绪的人总会有所失。

他理解任何行为总会像甩出的飞镖一样落回来。

他理解沉溺于说长道短地议论他人最能使自己信誉扫地。

他懂得去尊敬每一个人。

他知道一个“早安”和一个微笑能使人获得一天的快乐。

他知道用肯定和赞许去振奋别人的精神的同时也是在振奋自己的心灵。

他懂得当他落难或失败的时候，世界并不是末日，新的一天和新的机会总在面前。

他觉得听往往比说更重要，让别人诉出心中的烦闷总能结交更多的朋友。

他知道每个人都会有烦恼，他不会因别人的埋怨而消沉。

他相信一个地方的人并不比另一个地方的人难相处，相处得和睦与否98%取决于他自己的所作所为。

用“同字”的眼光看，这里的十一个“他”都在句子的开头，这与其说是同字，不如说是反复，是由“他”构成的隔离反复。此外，“知道”、“懂得”亦属隔离反复。

类迭

同一个字、词、语、句，接二连三反复地使用叫类迭。可分四类：迭字、类字、迭句、类句。

1. 迭 字

迭字是同一字连接地使用。

我刚刚走下小飞机，脑子里晕浪浪的。（阿盛《脚印兰屿》）

2. 类 字

类字是相同的字隔离使用。

江南老了，野鹧鸪老了，水蜡烛老了，在异乡的孩子也老了。（李蓝《母亲的歌》）

结了一层又一层厚厚的茧，冻开了一道又一道深深的裂痕，母亲这样厚实的一双脚掌，抗拒了多少岁月的霜寒啊！（吴晟《不惊田水冷霜霜》）

3. 迭 句

迭句是同一语句连续使用。

要是没有哭，没有笑，也没有爱，那么，人生会是什么样子呢？会是什么样子呢？（白辛《花林》

4. 类 句

类句是同一语句隔离使用。

我不知道风是在哪一个方向吹，
我是在梦中，
在梦的清波里依洄。
我不知道风是在哪一个方向吹，
我是在梦中，

她的温存，我的迷醉。
我不知道风是在哪一个方向吹，
我是在梦中，
甜美是梦中的光辉。
我不知道风是在哪一个方向吹，
我是在梦中，
她的负心，我的伤悲。
我不知道风是在哪一个方向吹，
我是在梦里，
黯淡是梦里的光辉。
（徐志摩《我不知道风是在哪一个方向吹》）

同异

某作家与朋友有这样一段对话。

朋友：文人的胃口真好，在你们笔下什么都能吃，吃苦，吃力，吃醋，吃官司，饮泣，饮恨，食言，啃书本，喝西北风，咬文嚼字……还有什么不能吃的？

作家：不吃软，不吃硬，不吃眼前亏。

“吃”在“吃苦、吃力、吃醋、吃官司”中是“同”的成分，而“苦、力、醋、官司”是“异”的成分；“饮”在“饮泣、饮恨”中是“同”的成分；在“不吃软、不吃眼前亏”中，“不吃”是“同”的成分，“软、硬、眼前亏”是“异”的成分。

在相对称的语言单位（可以是词、短语）中，同中有异，异中有同，通过鲜明的对照产生丰富的联想，这样的表达方法叫同异。同异有三种情况：

1. “同”的成分往往是从复合词中提取的一个语素

六朝梁诗人鲍泉，有一首《奉和湘东王春日》诗，全诗共十八句，句句有“新”字。

新莺始新归，新蝶复新飞。
新花满新树，新月丽新辉。
新光新气早，新望新盈抱。
新水新绿浮，新禽新听好。
新景自新还，新叶复新攀。
新枝虽可结，新愁讵解颜。
新思独氤氲，新知不可闻。
新扇如新月，新盖学新云。
新落连珠泪，新点石榴裙。

这首诗内容空泛，但从形式来看，在“新”字组成的复合词中，“新”为相同的语素，其他为“异”的成分，通过同异对比给人耳目一新之感。

2. “同”的成分往往是联绵词中一个相同的音

联绵词是指由于两个音节联缀成义而不能分割的词。或有双声迭韵的关系，双声是指每个字的声母相同，如“辗转、参差、踌躇”。叠韵是指每个字的韵母相同，如“窈窕、绸缪”；或没有双声迭韵的关系，如“蜈蚣、妯娌”；或同音同字重复，如“匆匆、津津”。联绵词在使用时，也会出现同异现象。如南北朝著名诗人庾信有一首诗，题为《示封中录》：

贵馆居金谷，关扃隔稿街。
冀君见果顾，郊间光景佳。

这首诗的用字，是双声关系，声母是 g，这是“同”，余下的韵母是“异”。

3. “同”的成分可以是汉字中的一个偏旁和部首

明朝天启元年，宰相叶向高路过福州，留宿新科状元翁正春家中，翁即兴出对曰：

宠宰宿寒家，穷窗寂寞。

叶向高见联中全是宝盖头的字，先是一惊，接着应和道：

客官寓宫宦，富室宽容。

这副对子用了同异法，“同”的成分是每个字全用的宝盖头儿。

同异的特点是：在具有对应性的语言单位中，有相同的成分，它侧重于语言单位之间的同异对比，产生同中有异、错落有致的效果。

错综

凡把形式整齐的辞格，如类迭、对偶、排比、层递等，故意抽换词面，交错语次，伸缩文句，变化句式，使其形式参差、词汇别异，此为错综。

1. 抽换词面

以意义相同的词语取代形式整齐的句子中的某些词语。

世界有两种人；一种是大刀阔斧的人，一种是细针密线的人（朱自清《山野掇拾》）

2. 交错语次

上下两句语词的次序，故意弄得参差不齐的。

飒飒，萧萧，萧萧，飒飒，我掩卷倾听你

的独语，而泪是徐徐的落下。（纪弦《槟榔树》）

3. 伸缩文句

把字数相等的句子，故意布置成字数不等，使长句短句交相错杂。

望着远方的云的一株丝杉/望着云的一株丝杉/一株丝杉/丝杉。（白荻《流浪者》）

4. 变化句式

把肯定句和否定句、直述句和询问句等，穿插使用。

没有妖冶的颜色，没有撩人的芬芳，只是一袭碧衫裹住一颗颗纯朴的小灵魂。（王怡之《绿》）

【辨析】

1. 排比与对偶

排比由三项或三项以上的语句构成，而对偶仅限于上下两句；排比不拘泥于字数，排比的各句以出现同形词为常规，而对偶要求字数相等，亦不必字同意同。

2. 排比与反复

联系：有些排比句在固定的位置反复用了同形词语，这样的排比可视为词语的隔离反复，这是排比和反复的兼用。区别是：(1) 着眼点不同。排比着眼于结构相似，语气贯通，多项并举，反复着眼于语句的重现，语义表达的重心在反复出现的那些语句上。(2) 作用不同。排比的作用主要是加强语势，反复的作用是为了强调某种思想感情，或增强节奏感。

3. 层递与排比

层递和排比都具有三个以上结构相同或相近的语句，但它们的区别是：（1）排比具有平行性，在同一平面上扩展和延伸，不管有多少语句排列，总是在同一层次上。而层递是有层次的，大小、高低、深浅，轻重等的排列可顺可递，因而具有层级性；(2) 层递讲究词语的层级性和使用范围，而排比讲究语句的重现。

4. 同异与反复

同异出现在相对应的字、词和短语中，着重于语言单位之间的同异对比，产生同中有异、错落有致的效果，而反复可以是同一个词的反复，同一个短语的反复，同一个句子的反复，语义重心落在被反复的语言单位本身，通过反复起强调作用。

镶嵌 藏词 节缩 释语 飞白 转品 易色

易色

一位自命为“中国通”的教授，在中文课上讲：“中国人把物品称为‘东西’。例如桌椅、电视机等，但有生命的动物就不称东西，例如‘虫、鸟、兽、人……’所以，你和他都不是东西，我自然也不是东西。”

在汉语中，“东西”这个词有三种感情色彩：①褒义的，特指所喜爱的动物或人。如“这个东西真顽皮”。②贬义的，特指所憎恨的动物或人。如“这老家伙不是东西”。③中性的，泛指各种具体的或抽象的事物。如“语言这东西不是随便可以学的”。

“我自然不是东西”，这里的“东西”本来是贬义的，而被“中国通”误认为是中性的，故事的编者正是利用“东西”的不同色彩，来构成“易色”，产生幽默诙谐的讽刺效果。

“易”即变换，“色”即色彩。所谓易色，是指在言语表达时变换词语的色彩。词语的色彩分为感情色彩和语体色彩，因此易色法也相应地分为两种情况。

1. 变换词语的感情色彩

词语（虚词除外）在表达人们对客观事物的概括认识的同时，有时还能够表达人们对该事物的爱憎意味或褒贬评价。也就是说，有些词除了表示一定的意义外，还明显地带有感情色彩，这种色彩反映着人们的主观态度。

词语的感情色彩有褒义、贬义、中性三种。有些词带有喜爱、赞扬、崇敬或者表示肯定的感情色彩，所谓褒义词是表示赞许的词。有的词带有憎恨、鄙视、谴责、讽刺或否定的感情色彩，所谓贬义词，是表示贬斥意义的词。还有些词，本身不带有褒贬色彩，这类词叫“中性词”。

“成果、后果、结果”这三个词中，都有“事情发展所达到的最后状态和结局”这个意思，但三个词感情色彩不同：“成果”是褒义词，“后果”是贬义词，“结果”是中性词。

在言语表达中，可以利用词语的感情色彩，故意褒词贬用或贬词褒用。如：

纪昀是清朝乾隆时河间才子，博学多智，能言善辩。

有一次，纪昀在皇宫翰林院率众修编《四库全书》。当时正值盛夏，体胖的纪昀难忍酷热，便脱衣光背，把辫子盘在头上，伏案阅稿。忽然，他发现乾隆皇帝从前面向院里走来，穿衣已经来不及了，他一猫腰，钻入案下，并将桌布拉好，准备皇帝一走，出来再继续工作。谁知，这一切都被皇帝看见了。他直奔纪昀案旁坐下，并示意四周惊慌失措的众编辑安静下来。

肥胖的纪昀此时在通风不良的案下热得实在受不了，听屋内又发觉确无异常动静，他以为乾隆帝走了，便撩起桌布露出脑袋问：“老头子走了吗?”这句话惹恼了一直坐在案旁的乾隆帝：“纪昀，别的罪可恕，你凭什么叫我老头子？如果讲不出道理来，立刻赐死！”

谁知此时纪昀却不慌不忙，从容笑道：“‘老头子’这三个字是大家公认的，非臣臆造，容臣详说。皇帝称万岁，岂不为老？皇帝乃国家之首，岂不为头？皇帝乃真龙天子，岂不为子？‘老头子’三字乃简称缩写也。”乾隆听了，哈哈大笑，说道：“好个能言善辩的纪昀，虽苏秦、张仪再生所不及也，朕赦汝无罪，起来吧。”

在汉语中，“老头子”本来是带有贬义色彩的，纪昀为了保全性命，故意对“老头子”一词进行解释，使之带上褒义色彩，因而获得了乾隆皇帝的欢心。

2. 变换词语的语体色彩

语体色彩，即语体风格，词语的语体色彩一般有口语和书面语之分。

（1）口语色彩：月亮、小伙儿、伙计、吊儿郎当。

（2）书面语色彩，又细分为四种：

①政论体的：国体、独裁、专制、复辟。

②文艺体的：春色、秋光、乳莺、残阳。

③科学体的：定理、具体、临床、开方。

④事务体的：签发、电复、批示、撰写。

语体涉及政治、经济、法律、军事、科学、文化、文学、艺术等领域或各个行业，在这些领域或行业中，都有一系列反映领域或行业色彩的词语。

在言语表达时，可以将甲语体的词语故意运用到乙语体中。有一则短文，题为《八十年代情话录》：

“我得到一条信息，听说你爱我，是吗？”

“这条信息反馈得真快！”

"太好了！我……我恨不得……恨不得承包……。"

"承包什么？"

"承包您的全部爱情。"

"妈妈原来说由我自己做主的，就怕到时候不给我落实政策。"

"我们不需要父母的赞助。"

"小声点！你的喉咙立体声似的，又不是做广告，要搞得人人皆知"。

"不会有人听到的，这儿是公园里最幽静的地方，是恋爱的特区！"

这则短文，在对话中使用了"信息、反馈、承包、落实政策、赞助、立体声、广告、特区"这些充满时代气息的新词，作者故意将这些二十世纪八十年代的新词用于谈情说爱，产生幽默诙谐的效果。

变换词语的语体色彩，常用的方法是在言语表达中故意将分量"重"的、"大"的词语当作一般词语来使用，或将某些专业用语转用到一般言语交际中。

如钱钟书先生的小说《围城》有这样一段文字：

事实上，一个人的缺点，正像猴子的尾巴，猴子蹲在地面的时候，尾巴是看不见的，直到它向树上爬，就把后部供大众瞻仰，可是这红臀长尾巴本来就有的，并非它们爬高了新标志。

又如：

冠军运动员因患感冒卧床不起，医生告诉他发烧了。他问道："体温多少度？"答："41℃"。运动员忙又问："那么世界纪录是多少？"

"世界纪录"本是用于体育比赛的词语，专业性较强，这里降用到体温上，令人发笑。

又如有一则题为《法律之家》的小幽默：

律师的儿子回家晚了。邻居问他："你回家晚了，会挨爸爸的打吗?""不会的，我爸爸是律师，如果他要打我，我母亲就会申请缓刑，再向我奶奶提出上诉，就可以宣判无罪。"

"缓刑"、"上诉"、"宣判"为法律用语，一般用于庄重严肃的场合，这里运用到日常生活中，寓谐于庄，产生幽默的效果。

在修辞学界，常有"易色"和"降用"之分，倪宝元先生认为："'变'易词语感情色彩的用法叫易色"，"由于表达的需要，偶尔把一些分量'大'的词语降作一般词语用，也就是词语的'降级使用'，这种词语活用叫'降用'"[1]。

我们认为，这里讲的易色和降用可以合并统称为易色。词语的色彩既包括感情色彩，又包括语体色彩，"易"是变换，易色就是变换词语的感情色彩和语体色彩。"降用"的命名也不够全面，词语的降用不仅仅是将分量"重"的、"大"的词语降作一般词语用，也可以将一种语体的词语平级移用到另一种语体，这时很难看出它"降"的意味儿。

易色不同于倒反，也不同于双关。易色是变换词语的感情色彩和语体色彩，而倒反是说反话或戏谑讽刺，而双关是一语二义，言此而意彼。

[1] 倪宝元：《修辞》，第99页，浙江人民出版社1980年6月版。

转品

有一年，一位好莱坞的电影经纪人为了扩大影响，招徕观众，在美国好莱坞主持举办了一场别开生面的“模仿卓别林竞技大赛”。许多来自各地的选手竞相登台表演。他们穿上卓别林式的服装，装扮成卓别林的模样，表演得惟妙惟肖，令观众倾倒，比赛盛况空前。

卓别林听到这个消息，也悄悄来到好莱坞，以一个模仿者的身份登台参赛，谁知他只得了个第三名。后来获得第一名的选手知道了艺术大师卓别林本人竟然屈居第三名，深感不安，执意要与他互换名次，卓别林坚决不同意，他诚恳地对第一名选手说：“你是卓别林的模仿者，却战胜了真正的卓别林，证明你比卓别林还卓别林，这第一名理当是你。”

在“比卓别林还卓别林”中，第二个“卓别林”本是名词，但为了某种特殊的修辞目的，这里用为形容词，这种修辞现象叫做转品。传统的“品”指的是词性，转品就是在言语表达中，凭借上下文有意转化词或短语的性质，一般是把名词当作动词或形容词来使用，以增加辞趣。[1]

有一则小幽默，题为《学问难成》，讲的是初学造句的小朋友，常常会造出意想不到的语句：

难过——我家门前的大水沟很难过。

如果——罐头如果汁营养丰富。

天真——今天真热，是游泳的好日子。

---

[1] 陈望道《修辞学发凡》原称“转品”，1976年上海人民出版社重印本改称“转类”。

十分——妹妹的数学只考十分，真丢脸。

从容——我做事情，都是从容易的做起。

这则小幽默巧妙利用了转品的特点，读来幽默风趣。“难过”本来是个形容词，要求在所造的句子中也要出现这样的形容词，但造出的句子，将“难过”变成了动宾关系的短语了。“如果”是个连词，造句者只求字面同形，而忽视了词语的用法。“天真”是形容词，造句时只注意字面相同，而不顾词性和词义。“十分”是副词，而句子中出现的“十分”却是数量词。“从容”是形容词，所造的句子中虽然嵌进了这个词，但忽视了该词的词义和词性，只求字面同形。作者有意改变“难过、如果、天真、十分、从容”的词性。转品法的运用大大增加了言语表达的效果。

转品不仅在小幽默中出现，它也常常出现在文学作品和日常生活的言语表述中。如：

①这个连长太“军阀”了！年纪不大，脾气可不小！（曲波《山呼海啸》）

②在他心灵的深处，他似乎怕变成张大哥第二——“科员”了一辈子，以至于对自己的事都一点也不敢豪横。（老舍《离婚》）

③但是他对妙斋越来越冷淡。他想把妙斋“冰”了走。（《老舍短篇小说选》）

例①的“军阀”是名词当形容词用，是“军阀作风太严重”的意思。例②“科员”是名词当动词用，是说“当了一辈子科员”。例③的“冰”是源“冷淡”而将名词活用为动词。

转品与词类误用有一定界限：一个词语在修辞中改变了它原来的词性，随情应景地让词语活用，使表达具体而形象、新鲜而活泼；而词类误用是在表达时将甲类词误作乙类词使用，前者是一种修辞方法，后者是言语表达时出现的一种语病。转品包括：

名词用作动词。如：据说回国以后，这人不烟不酒，甚至也不太诗了。（叶珊《酒壶》）

名词用作形容词。如：姑仰卧在此，气候非常夏天。（余光中《马金利堡》）

名词用作副词。如：我道歉一番，耸耸肩作鹭鸶笑。（梁实秋《雅舍小品》）

动词用作名词。如：且念一些渡，一些饮，一些啄，且返身再观照。（郑愁予《梵音》）

动词用作形容词。如：有人送给你美慕的秋波呢。（宣建人《抒情小品》）

动词用作副词。如：枯皱的黄叶轻轻地舞着秋风，焦灼的灯蛾死死地伴着孤灯。（王尚义《深谷足音》）

形容词用作名词。如：用“随风飘荡的柳絮”来形容她的轻盈。（于梨华《白先勇笔下的女人》）

形容词用作动词。如：心里的忧闷，像雨后遥山一般，浓酽酽的又翠深了一层。（苏雪林《绿天》）

飞白

黄宗英《小丫扛大旗》中有这样一段描写：

她一见秀敏就说："秀敏同志，你那发言稿哪?""啥稿?""讲话的稿。""讲话还带镐?""不用稿也得有个提纲吧"?"哈缸?""拿张纸把你要说的内容大概写下来，提防忘了，说溜了。"秀敏一听说"写"，愣了。她抗着脖子："我不会写。"

"镐"是"稿"的白字，"缸"是"纲"的白字，这里用飞白法描写说话人不懂什么是"发言稿"和"提纲"。飞白法往往起到滑稽、揶揄、增趣的作用。

所谓飞白是为了特殊的表达需要，将明明知道是错误的字、词、句、篇故意如实记录或仿效。这里的"白"本来是指白字，我们可以将它扩大到有语病的词语句篇，飞白的构成有以下四种情况：

1. 利用白字构成飞白

以前，我国古代书写习惯都是竖写。有个州官写字十分潦草。一天他写了一张字条，要衙役给他买猪舌头，"舌"字的上半截"千"字写得老长老长的，衙役把"舌"字看成"千口"两个字了。

为了购买这一千口猪，衙役们倾巢出动。整整忙了三天三夜，好不容易才凑足了一千口的数。他们赶着猪，向州官交差说："报告老爷，你要的一千口猪已经全部买到!"

州官吃惊地说："我没让你们买猪呀!"衙役们把字条递上去说："给，这是你亲笔写的，还会有错?"州官说："你们这群混蛋！我写的是猪舌嘛，怎么看成是‘买猪千口’呢?”

衙役们被骂得面面相觑，哭笑不得。有个小衙役在下面小声咕噜说：“你给老太爷写信的时候，可不要把‘爹’写成‘父多’啊！”

这里的“千口”是“舌”的白字，“父多”是爹的白字，“飞白”手法的运用增添了故事的情趣。

2. 利用词语构成飞白

马烽《刘胡兰传》中有一段对话：

玉莲不懂什么是持久战，她悄悄地向金香问道：“金香，顾县长说的是什么吃酒战！”

“你真是个笨蛋！连个‘吃酒战’也不知道。”金香自以为是地说道“就是喝醉酒打架嘛！喝了酒打人最厉害了，我后爹喝醉酒，打起我妈来没轻没重。”

金香并不知道什么是“持久战”，却自以为是地把“持久战”理解成“吃酒战”，可以说“吃酒战”是“持久战”的飞白。

3. 利用有病的句子构成飞白

无论说话还是写文章，人们都不愿在言语活动中出现讨厌的病句，但在文艺作品中，为了塑造人物形象，刻画人物的某种性格，表现人物的某种感情，作者往往在人物语言中有意地运用一些病句或不太规范的句子。

电视连续剧《黑十字架》中有一位海关人员，被走私集团利用，后来在同志们的帮助下，终于觉醒了，当公安人员布置他打入走私集团内部侦察时，他非常激动地表示：“我一定使劲儿侦察。”这种回答，近于孩语，这是成年人在强烈的感情支配下所道出的孩语，并且在特定的背景下由那位悔悟觉醒后的海关人员讲出，显得真实自然。

电影《御马外传》中，有人来找亮亮的妈妈，亮亮从屋里走出来说："我妈妈说，家里没人。"亮亮的话本身是引人发笑的，因为它明显违背了逻辑事理，但让亮亮说出就自然妥帖。

散文作家秦牧在《艺海拾贝》中说："在某种场合，'不合逻辑'的语言有时比合乎逻辑的语言更有力量。"在文艺作品中，这种"不合逻辑"的句子是作者将它作为某种艺术手段而有意运用的，它完全服务于文艺作品刻画"这一个"的需要。

4. 利用篇章构成飞白

在小品文中常常采有这种方法。有一篇小品文题为《奇文共欣赏》，文中介绍了国民党山东省主席韩复榘的演讲。

诸位，各位，在齐位。今天是什么天气？今天是演讲的天气。开会的人来齐了没有？看样子大概有五分之八了，没来的举手吧！很好，很好，都到齐了，你们来得很茂盛，敝人也实在是感冒。今天兄弟召集大家，来训一训，兄弟有说得不对的，大家应该互相原谅，因为兄弟和你们大家比不了，你们是文化人，都是大学生、中学生和留洋生，你们这些乌合之众是科学科的，化学化的，都懂七八国的英文，兄弟我是个大老粗，连中国的英文也不懂。你们是从笔筒里爬出来的，兄弟我是从炮筒里钻出来的，今天到这里讲话，真使我蓬荜生辉，感恩戴德。其实我没有资格给你们讲话，讲起来嘛就像就像……对了，就像对牛弹琴。

今天不准备多讲，先讲三个纲目：

蒋委员长的新生活运动，兄弟我举双手赞成，就是一条，"行人靠右走"实在不妥，实在太糊涂了，大家想想，行人都靠右走，那么左边留给谁走呢？

还有件事，兄弟我想不通，外国人在北京东郊民巷都建了大使馆，就缺我们中国的，我们中国为什么不在那儿也建个大使馆？说来说去，中国人真是太软弱！

再一件事，你们学校的总务长太不像话了，要不是他贪污了，那学校为什么这样穷酸？十来个人穿着裤衩抢一个球像什么样子，多不雅观！明天到我公馆再领笔钱，多买几个球，一人发一个，省得再你争我抢。

韩复榘原是国民党山东省政府主席，齐鲁大学校庆时他做了此演讲。该演讲病句甚多，堪称奇文，当然该文亦经后人的夸张加工，加工者采用飞白法，夸其病，讽其庸，具有独到的讽刺效果。

飞白就是故意使用有病的字、词、句、篇，但是我们所理解的“病”应包括语法、修辞和逻辑诸方面的毛病。

《人民文学》曾刊载了一篇《大问题》的小品文。

同志们：

我今天准备给大家讲一个问题。这个问题，本来没有什么问题，但是，问题终究是问题，你越不讲它就越成问题，最后，可能发展成为无可救药的问题。

那么，这个问题究竟是什么问题呢？这个问题是一个不简单的问题，同时也是一个难以解决的问题。如果我这个问题讲来讲去你们听不出什么问题，那么就说明我这个问题中还存在问题，也许你们的耳朵有问题，这样大家都有问题。

但我希望，我讲完这个问题之后，大家要从我这个问题中多多提出问题，并且深入分析我这个问题。这样做，我一定没有问题，但我坚信，大家一定能解决我这个问题中所存在的问题，把它变成一个没有问题的问题。

讲到这里，我的问题已成为越讲越多的问题，大家会感到是一个十分荒谬可笑的问题。不过，我还要郑重指出：我这个问题是一个非常特殊的问题，大家听后满意也好，不满意也好，始终会在你们的印象中留下一个不三不四的问题。这样一来，我所讲的问题就成为一个非常遗憾的大问题。

最后，祝大家身体没有问题！

这则讽刺小品，它以讲话稿的形式讽刺了一些喜欢拉官腔的人。语法、逻辑也有“病”，修辞上以辞害意（单调地重复三十六个“问题”），内容空洞无物，形式呆板累赘。作者正是运用了飞白法写成了这样的讽刺小品。

也有人认为飞白是把语言中的方言、俗语、吃涩（结巴）、错别字等故意加以记录或援用的。

援用方言：阿媛（沪语女儿），干爹又快输脱底（输光）喽。（白先勇《永远的尹雪艳》）

援用俗语：你四两人讲什么半斤话，早就跟你说过，我的一切犯不着你担心。那真是活见鬼。怕丢了你的脸子，你……。（王祯和《鬼、北风、人》）

吃涩（结巴）：“我…我…想再麻烦…你一次”老刘望着夏先生支吾地说。（南郭《金练》）

错别字：他还不能承受去报呈（呈报）警局的意志，那好像大凶噩，他未敢去逢晤它。他一直希望能避免跟它会逢。（王文兴《家变》）

释语

培根在论爱情时这样写道：

所谓情话就是热情冲动时所说的话，正如做梦时说出的呓语，并不是正常生活里的东西。

所谓永恒的爱，是从红颜爱到白发，从花开爱到花残。

这里解释“情话”和“永恒的爱”都采用了释语的方法。

释语，是用形象生动的言语对某个词语艺术地进行解释，它不同于一般的词语解释，虽然它在运用过程中要借助于某些词语解释的方法。释语的方法有两种：一种是本语释本语，一种是用异语作释。

1. 以本语释本语

“本语”指普通话，“以本语释本语”就是用普通话语词来作形象生动的解释。如：

立春：立是见，春是蠢动，是植物开始有生机的意思。

雨水：雨水将多。

惊蛰：春雷响动，惊动万物，从这一天起冬眠生物将醒。

春分：分就是半，春季九十天的一半叫春分，这一天昼夜平分。

清明：明洁的意思，从这一天起，草木萌芽。

谷雨：雨生百谷之意，这一天雨水增多。

立夏：夏天开始。

小满：指麦种有芒。

夏至：至是极，是日影长到终极之意。

小暑：气候炎热，但还是没有热到极点。

大暑：炎热到极点。

立秋：秋是植物快成熟之意，从这一天起秋天开始。

处暑：处是停止，指暑气将于这一天结束。

白露：地面水气凝结为露呈白色。

秋分：秋季九十天的一半，这一天昼夜平分。

寒露：露光白而寒，是气候逐渐转冷的意思。

霜降：下霜。

立冬：冬是终了的意思，作物收割后要收藏起来。

小雪：开始降雪，但还不多。

大雪：雪将由小而大。

冬至：日影已短到极点。

小寒：天气寒冷，但还没有冷到极点。

大寒：冷到极点。

这里是用本语释本语，对二十四个节气做了通俗形象的解释。这类释语要求生动、形象，注意可接受性。如果把“立春”解释为“每年2月4日或5日太阳到达黄径315度为立春”。把“雨水”解释为“每年2月18日前后太阳到达黄径330度为雨水”，则是对词语进行科学的解释。

2. 用异语作释

用普通话语词对非汉语普通话语词（包括外语词、兄弟民族语言的语词、汉语方言语词、行业语的语词）进行生动形象的解释。有人称之为“异语”。如：

①西藏拉萨河畔有个叫王丽梅的北京下乡知识青年，藏族同胞总是亲昵地称她“格拉”。（藏语“格拉”，意思是老师）。（《北京日报》）

②“作家”——湖南人叫种地的为“作家”。这个名称的双关意义也很好，这是说，写作也和耕种一样，是要勤于劳动的，湖南人又称地多的人为“大作家”。(《人民文学》)

例①用了藏语的语词，表达了藏族人民对王丽梅的亲昵之情，若直接用“老师”而不用“格拉”转译，这种亲切之感就不能充分地表达。这种用兄弟民族语言的语词构成的异语，民族色彩很浓，有独到的表现力。例②是用方言词构成的异语，它对方言词加以解释而引申出新意，给人以新颖别致之感。

异语的使用，要把握住分寸。即外来语、兄弟民族语词，方言词的运用，在言语作品中不宜太多，恰当运用能增强词语的表现力。如果滥用，往往会影响言语交际。比如周立波的《山乡巨变》和冯志的《敌后武工队》都过多地运用了方言词。《山乡巨变》中的湖南方言“莫逗要方了”、“大崽”、“耕白水”、“晏了”等等，《敌后武工队》中的北方方言“不赖歹”、“干的戟”、“卖谝”、“栽不楞”等等都不同程度地影响了文学语言的表达效果。

释语不同于词语解释。虽然释语常常借助于词语解释的某些方法，但最终的目的不一样，释语是为了使表达生动形象，亲切可感，而词语的解释是为了揭示词语的语义。

释语的方法只有两种，一种是本语释本语，一种是用异语作释。而词语解释的方法是多种多样的，如下所示：

(1) 利用同义词或同义短语来解释：拭——擦；畏惧——害怕。

(2) 利用反义词或者在反义词前加“不”：丑恶——不美好；调和——不斗争。

(3) 解释字义：跋涉——爬山蹚水，形容旅途艰苦。跋，爬山，涉，蹚水。

（4）交待异称：参差——文言词，不整齐的意思；俺——方言，我，我们。

（5）举例：呈现——“显出、露出”的意思。多指景象、状态之类的显露。如到处呈现出一片生气勃勃的景象。

（6）说明类属：象形——六书之一，描摹实物形状的造字法。

（7）交代背景：指出词语是什么时代、什么社会的产物，同什么背景联系在一起：连坐——反动统治时代，一个人触犯了当时的法令，连带亲属也治罪叫连坐。坐就是犯法。

（8）两相对照：利润——商品生产的赢利。在资本主义生产中，利润是工人所创造而为资本家所剥削的剩余价值的转化形式；在社会主义制度下，利润是劳动创造出来的纯收入的一部分，是社会资金积累的主要来源。

（9）描绘解释：榛榛——形容野草树木丛生的样子。

节缩

志若黄河奔沧海，形似珠峰刺青天。

借问英灵今何在？花潮诗海震人间。

这首诗选自童怀周《天安门诗抄》，诗中“珠峰”是珠穆朗玛峰的节缩。因为在诗中出现全称会影响诗的对称和简洁。

所谓节缩是为了使语句简明或节拍协调或实现其他的修辞目的，把一些音节过多的词语加以删节、压缩和归并。节缩常见的形式是简称和数词缩语。

1. 简 称

简称是事物的全称简化了的称谓。简称的出现是为了用语的经济。简称是和全称相对而言的，简称仍然具有全称在表义上的明确性。简称的构成方式有如下几种：

（1）取全称中每个词的第一个字和第三个字。如：政治委员——政委。北京大学——北大。

（2）取全称中第一词的第一个字，取第二个词的第二个字。如，战争罪犯——战犯。师范学院——师院。

（3）取全称中的前一个词。如，师范学校——师范。清华大学——清华。

（4）取全称中的最后一个词。如中国人民解放军——解放军。中国人民志愿军——志愿军。

（5）取全称中每个词的第一个字，再将具有类别性质的词或语素附在后面。如，少年先锋队——少先队。支部委员会——支委会。

（6）取全称中具有代表性的两个字。如，鞍山钢铁公司

——鞍钢。中国作家协会——作协。

(7) 取全称中的第一个字，并与另一个全称中的第一个字连用。如，中华人民共和国、朝鲜民主主义共和国——中朝；美利坚合众国、法兰西共和国——美法。

(8) 简称中字的顺序打破了原称中字的顺序。如，国营第五棉纺织厂——国棉五厂。第四女子中学——女四中。这种简称法更具有区别性，前例突出一个"棉"字，以区别于一般工厂。后者突出一个"女"字，以区别于一般中学。

简称不同于"代称"，代称一般是用一个字来代替原名称，它不是对全称的简缩。如，"湘"称代湖南，是因为该省境内有湘江，上海市用"沪"，是根据上海县东北的沪渎水（即今之吴淞江）来代称的。河南省的代称是"豫"，是因为河南是古九州之一的豫州。代称所用的字来源于该地区具有代表性的事物。

2. 数词缩语

数词缩语有两种情况。

(1) 将"百花齐放、百家争鸣"简缩为"双百"。这类数词缩语，数词的使用取决于全称中相同词的多少。又如"反贪污、反浪费、反官僚主义"简称为"三反"。"初伏、中伏、末伏"简缩为"三伏"。

(2) 将"蚊子、苍蝇、臭虫、老鼠"缩简为"四害"。这类数词缩语前部分数词的使用取决于全称中词语的多少，后部分的词是全称中各个词语所代表的事物的共同属性。又如，"喜、怒、哀、乐、爱、恶、欲"简称为"七情"。"酸、甜、苦、辣、咸"简缩为"五味"。

节缩在言语交际中，不需详细解说其内涵，因为它是约定俗成的，因而缩语常常可以独立运用。如：

他们有高度的革命觉悟，可贵的革命干劲，一心为公的“十不”精神，“三老四严”、“四个一样”的革命作风。

节缩有临时和约定俗成之分，后者以前者为基础。“感情、激情、抒情”称“三情”是临时节缩，但“五讲”、“四美”是约定俗成的。任何节缩都有从临时向约定俗成转化的过程，在转化过程中，有些被淘汰，有些被保存了下来。因此作为简称和数词节缩语在使用时应注意两点：①在郑重的场合少用或不用。如正式文件中尽量少用或不用缩语，要用也要注意缩语的约定俗成性和全民性。②局部通用的简称。如巴金《我们会见彭德怀司令》一文，用了通行于志愿军内部的“志政”，就附上了注解：“志政，中国人民志愿军政治部”。

藏词

藏词是说话时要用的词已见于熟悉的固定短语（如成语、歇后语）中，便把本词藏起来，故意隐藏部分词语不说出来。藏词可分为藏头与藏尾两种。

1. 藏 头

谁知道他将到而立之年，竟被小尼姑害得飘飘然了。（鲁迅《阿Q正传》）——“三十而立”藏了“三十”

鬼神旦看高明室，倚伏不干栖隐家。（唐寅《招隐诗》）——“祸兮福所倚，福兮祸所伏”语出《老子》，藏了“祸福”。

2. 藏 尾

一欣侍温颜（指父母慈颜），再喜见友于。（陶渊明《从都还》）——“友于兄弟”语出

《书经·君陈》，藏了“兄弟”。

一士家贫，无从得酒，乃持水一瓶称觞曰：君子之交淡如。友应声曰：醉翁之意不在。(《古今谭概·巧言》)——两句分别藏了“水”和“酒”。

成语藏词法生涩难解，现今多用歇后来藏词。如：

你他妈乌龟吃大麦。——藏：瞎糟塌粮食

你简直是狗咬吕洞宾。——藏：不识好人心

您还不错嘛，风韵犹存。——藏：徐娘半老

猪八戒的脊梁——是“无能之辈”的意思，猪八戒法号“悟能”又谐音“无能”，“背”又谐音“辈”。

镶嵌

有一次，纪晓岚陪伴乾隆皇帝到南方巡游。乾隆皇帝坐在龙舟上，面对滔滔长江的深秋迷人景色颇有感触，即命纪晓岚当场吟一首七绝，来描述这一壮丽动人的景色，不一会儿，纪晓岚朗声吟道：

一篙一橹一渔舟，一个艄头一钓钩；

一拍一呼还一笑，一人独占一江秋。

韩隆听后，拍手称绝，佩服地说：“怪不得人们称你为‘纪才子’果然名不虚传!”

纪晓岚所吟七绝，嵌进了十个“一”字，这种手法叫镶嵌。它是为了表达的需要，故意加进一些字、词、句。

镶嵌有三种类型：嵌字、嵌词语、嵌章句。

1. 嵌 字

为了音节对称或便于吟唱，故意加进几个无关紧要的字来衬托紧要的字，这叫嵌字或衬字。如王实甫《西厢记》中的《长亭送别》，其中的一些唱词就采用了衬字法，为的是便于吟唱。如：

见安排着车儿、马儿，不由人熬熬煎煎的气。有什么心情花儿，靥儿，打扮得娇娇滴滴的媚。准备着被儿，枕儿，只索昏昏沉沉的睡。……兀的不闷杀人也么哥！兀的不闷杀人也么哥！久已后书儿，信儿，索与我凄凄惶惶的寄。

2. 嵌词语

有时把能表达内心真情实意的词语巧妙地嵌进话语中去，或表达真情，或表示讽刺。

封建军阀袁世凯，篡夺辛亥革命果实，窃居总统职位，王闿运做对联加以讽刺：民犹是也，国犹是也，何分南北；总而言之，统而言之，不是东西。这副对联中嵌进了“总统不是东西”。

《天安门诗抄》中有一首诗：“江河湖海浪涛起，亿万人民悼总理。青山绿影低下头，滚滚泪浪哀声起。靠着泰山心难移，谁料星损日月泣。边防战士继遗志，誓和白骨斗到底。”这首诗采用镶嵌法，嵌进了“江青靠边”，曲折而巧妙地表达了作者的爱憎。

3. 嵌章句

不仅是词语、句子可以嵌入篇章中，有时嵌进的文字可以组成一个完整的篇章。如：

有一个小伙子非常爱一个姑娘，但姑娘的父亲却不喜欢他，也不想让他们的爱情发展下去，小伙子很想给姑娘写一封情书，然而他知道姑娘的父亲会先看，于是他给姑娘写了这样一封信：

我对你表达过的热爱，
已经消逝。我对你的厌恶
与日俱增，当我看到你时，
我甚至不喜欢你的那副样子，
我想做的第一件事就是
把目光移向别处，我永远不会
和你结婚。我们的最近一次谈话
枯燥乏味，因此无法
使我渴望再与你相见
你心中只有自己
假如我们结婚，我深信我将
生活得非常艰难，我也无法
愉快地和你生活在一起，我要把我的心
奉献出来，但绝不是
奉献给你，没有人能比你更
苛求和自私，也没有人比你更不
关心和帮助我。
我诚挚地要你明白
我讲的是真话，请你助我一臂之力，
结束我们的关系，别试图
答复此信，你的信充满着
使我兴味索然的事情，你也不可能怀有
对我的真诚关心，再见，请相信
我并不喜欢你，请不要以为
我仍然爱着你。

姑娘的父亲看了信以后，非常高兴地把信交给女儿，姑娘看罢信也非常快乐，小伙子仍然爱着她。小伙子的情书，采用镶嵌手法，将连缀成文，表示对恋人的忠贞不渝，你不妨读一读信中的奇数行，即加下划线的文字，你一切就会明白。

【辨析】

1. 转品与飞白

转品是故意改变某个词语的词性，飞白是故意使用有病的字、词、句、篇。

2. 释语与词语解释

释语力求通俗形象或具有可接受性，而词语解释是阐述词语的语义，力求准确，释语和解释词语的方法也各不相同。

3. 节缩与释语

节缩是对全称的简缩，是为了言语的经济、表达的方便，释语是通过通俗形象的解释，让对方易于接受。

拆字 炼字 叠字

拆字

有个财主的少爷出外游玩，见一年轻貌美的村妇在木桥边淘米，便生歹意。于是凑到跟前嬉皮笑脸地说："有木便是桥，无木也念乔，去木添个女，添女便为娇，阿娇休避我，我最爱阿娇。"说完，眼睛直勾勾地盯着村妇。

村妇听了他的下流言辞，看着他摇头晃脑的丑态，非常生气，回敬他说："有米便为粮，无米也念良，去米添个女，添女便为娘，老娘虽有子，子不敬老娘。"

少爷受了才思敏捷的村妇的回击，灰溜溜地转身便走。

财主的少爷把"桥"字拆开，几换偏旁变为"娇"，调戏村妇，而村妇同样采用拆字法将"粮"字几换偏旁变为"娘"回击恶少。

所谓拆字，是为了表达的需要，把所用的字故意拆开，这种方法能增强趣味感。如：

何处合成愁？离人心上秋。（吴文英《唐多令》）

田字下面一个力，这明明是告诉你男人是在田里出力气的，

你跟他们谈感情呀！（康芸薇《佳偶》）

绞尽脑汁的将那些“狗盗猫奶”（good morning）之类的句子和“您早”联在一起。（张毅《警告逃妻》）

冻雨洒窗，东两点，西三点；

切瓜分客，横七切，竖八刀。

这副对联，出句巧拆“冻”、“洒”两字，语意自然，饶有意趣，对句巧拆“切”、“分”两字，浑然天成，入情入理。又如：

某村有个白吃的人，雅号“圣贤愁”，八仙中的吕洞宾、铁拐李到此约他前往酒店做客，并有言在先“行令作诗，令成饮酒”。于是三人排了先后，并规定各用“圣贤愁”三字中的一字为令。

吕洞宾就“圣”的繁体字“聖”拆字：“耳口王，耳口王，壶中有酒我先尝。盘里无肴难下酒，割下耳朵尝一尝。”吕洞宾吟完诗，就割下自己的一只耳朵放在盘中，然后喝酒。

接着铁拐李就“贤”的繁体字“賢”拆字：“臣又贝，臣又贝，壶中有酒我先醉。盘中无肴难下酒，割下鼻子配一配。”说完，割下了自己的鼻子，喝了一口酒。

“白吃”就“愁”拆字，笑呵呵地吟道：“禾火心，禾火心，壶中有酒我先斟，盘中无菜难下酒，拔根毫毛表寸心。”说完拔下一根毫毛，真不义气。

那“白吃”喝够了酒，笑道：“正是你二位我才拔下毫毛，要是别人，我还一毛不拔呢！”

吕洞宾、铁拐李和“白吃”把“圣（聖）、贤（賢）、愁”拆开分别为令，这也是采用了拆字法。

这里讲的“字”是个传统概念，它包括今天的字和词，即拆字除了合体字可以“化形拆字”外，为了表达需要，也可以把合成词临时拆开使用（有人称之为析词）。如：

①我们现在革了船主的命，可不能革大海的命，大海一变脸，岂不是照样兴风作浪，伤害人命么？（杨朔《海市》）

②他虽然借父亲的光，有一个贫农成分，但他本人当初既不“贫”又不“农”，而是从小走南闯北，闯荡江湖。（张天民《创业》）

③不懂得路就问路，不认得的事物就请教。谦而不虚，采取老实的办法，狂而不妄，采取认真的态度。（徐迟《向着二十一世纪》）

例①将“革命”一词拆开，活泼自然，带有浓厚的生活气息。例②将“贫农”拆开，并加上否定副词，比“并不贫穷，也不务农”要显得生动。例③将“谦虚”和“狂妄”分别拆开，也是为了表达的需要。这里的析词比语法上讲的“离合词”（理了一次发、洗了一回澡、发了一次疯等）要宽泛，也比“离合词”生动形象。

一个字有它的定型性，一个合成词也有其凝固性，一般不能拆开使用，如果为了表达的需要，可以将这些字或词拆开使用，这类字词的活用就是拆字法。

有人认为“从语言发展看，拆词有前途，而拆字没有前途。”[1]其实这是一种误会，拆字在日常的言语活动中，特别是在幽默故事中是非常有生命力的，汉字虽然可以简化，但像“谢”字这类由几个部分组成的合体汉字是众多的，要在短期内将这些合体字简化到不能拆的地步，这是不可能的。既然有大量

[1] 濮侃《辞格比较》，安徽教育出版社1983年9月版。

的合体字存在，拆字又是一种古老的而又为群众喜闻乐见的修辞格，可以预测，拆字和拆词一样，在今后相当长的历史时期内都将保持着旺盛的生命力。

叠字

一位老师讲解虚词“而”字，对学生说：“这个‘而’字，可解作‘但’、‘与’、‘如’，是一个词多用的常用字”。

第二天，一个学生写了一篇文章，不管三七二十一地乱用“而”字。老师看后，极为生气，便在文章后面批道，“该而而不而，不该而而而，而今而后，而已而已，应而便而，不应而不而……”。

学生看了这批语，不禁赞叹说：“我写了一百七十个字的文章，才用了十几个‘而’字，老师写了二十多个字的批语，却用了十多个‘而’，怪不得他能当我的老师！”

老师的批语，用叠字法，将几个“而”重叠使用，这是故事的编者故意用叠字法来嘲讽，叠字法的运用使故事幽默风趣。

叠字是把同一个字或词接连叠用，这种方法如果用得恰当，能增强言语的音乐美，加强言语表达的形象性。如宋代女词人李清照的词《声声慢》：

寻寻觅觅，冷冷清清，凄凄惨惨戚戚。
乍暖还寒时候，最难将息。
三杯两盏淡酒，怎敌他，晚来风急！
雁过也，正伤心，却是旧时相识。

满地黄花堆积，憔悴损，如今有谁堪摘？

守着窗儿，独自怎生得黑？

梧桐更兼细雨，到黄昏，点点滴滴。

这次第，怎一个“愁”字了得！

这首词是李清照晚年所作的名篇之一，词一开头连下十四个叠字，层层铺叙，表现了寂寞、悲凉、凄怆的心境。

又如宋代陆游《钗头凤》一词：

红酥手，黄藤酒，满城春色宫墙柳。

东风恶，欢情薄，一怀愁绪，几年离索。

错！错！错！

春如旧，人空瘦，泪痕红浥鲛绡透。

桃花落，闲池阁，山盟虽在，锦书难托。

莫，莫，莫！

陆游三十出头，到山阴禹迹寺南的沈家花园去游玩，恰好与十年前的爱妻唐婉相遇，本来陆游与唐婉情投意合，夫唱妇随，生活美满，后因陆游被母亲所逼，休了爱妻。迫于家命，陆游另娶了王氏，唐婉嫁给赵士程。此时两人相遇，旧情藕断丝连，唐婉命家僮给陆游送了一份酒肴，陆游想起十年来的人事变迁，吞下苦酒，于是在一堵粉墙上题了这首伤心断肠的《钗头凤》词。

在《钗头凤》词中，分别将“错！错！错！”和“莫！莫！莫！”作为词的上下阕的结句，它们采用了叠字的方法。当然，这里的字也是个传统概念，古代指单个的字，今天也可以指词，如翻译后的“不该！不该！不该！”和“不行！不行！不行！”就是典型的叠词了，不过为了照顾传统的“字”的说法，所以统称为“叠字”。

炼字

一男子要到某地去办事，他在机场告别了妻子便乘飞机走了。十天后，事办完了，他买好准备回家的机票，然后往邮局去给妻子发个电报。他拟好电文，交给一位女营员，说道："算算要多少钱?"

她讲了个数目。他清点了自己所有的钱，发觉不够。

"把'亲爱的'，从电文中去掉吧。"他说，"这样钱就够了。"

"不"，那姑娘说，并打开自己的手提包，掏出钱来，"我来为'亲爱的'，这几个字付钱好了，做妻子的，可需要从她们的丈夫那儿得到这几个字眼哩。"

"亲爱的"这几个字之所以不能省，是因为"做妻子的可需要从他们的丈夫那儿得到这几个字眼哩"，女营业员的话不是没有道理。事实上，在言语表达中，有的"字"可以省，有的不能省，"字"的选用，的确有一个比较、选择和提炼的问题。

炼字本来是指我国古诗文中锤炼言语的一种传统方法。皮日休所谓"百炼为字，千炼为句"。杜甫所谓"吟安一个字，捻断数茎须"，正是古人讲究炼字的体现。王安石《泊船瓜洲》："春风又绿江南岸，明月何时照我还?"被公认为是炼字的典范。这个"绿"字好就好在它含义丰富而又深邃，既表现了春天来得迅速，又描绘了江南新绿启蒙的新春景象。"绿"字并非顺手拈来，而是作者反复推敲、锤炼、修改的结果。宋人洪迈在《容斋续笔》中谈到这首诗的修改过程：起初写作"春风又到江南岸”，后将“到”改为“过”，后又将“过”改成“入”，而后又将“入”改为“满”，共换了十几个字，最后才定为“绿”。从修改过程可以看出，所谓炼字，就是选用最恰当的字来表情达意。

炼字的“字”，其范围比较宽泛，但是宽到什么程度，这是一个值得讨论的问题。在语言学界有一种看法：“所谓炼字就是作者在提炼作品内容的基础上，对词句进行比较、分析和挑选，使作品的内容通过精选得来的词句得到更充分的表现。”（赵克勤《古汉语修辞简论》，商务印书馆，1983 年 3 月版）

很明显，这里所讲的“字”是指词句，而事实上“字”的范围不能太广，因为“句”不能包含于“字”中。“句”是言语表达的动态单位，而“词”是言语表达的静态单位，言语过程是组词成句的过程。我们所讲的“字”是指词，不包括“句”，炼字的实质就是词语的选用，它不限于古诗文，在现代文中，高明的作者都是注重炼字的。如：

①婵娟：宋玉，我特别地恨你！你辜负了先生的教训，你这没有骨气的无耻之人。（《沫若文集》第三卷《一字之师》）

②孔乙己着了慌，伸开五指将碟子罩住，弯下腰去说道：“不多了，我已经不多了。”直起来又看一看豆，自己摇头说：“不多不多！多乎哉？不多也。”（鲁迅《孔乙己》）

③没有生，死就不见；没有死，生就不见；没有上，就无所谓下；没有下，就无所谓上。没有祸，无所谓福；没有福，无所谓祸。（毛泽东《矛盾论》）

例①中的“这”原作“是”，把表示判断的动词“是”改成指示代词“这”，不仅句子形式变了，句子的语势也加强了，“你是没有骨气的无耻文人！”一览无余，话好像说尽了，而

“你这没有骨气的无耻文人!”却是包含着丰富的潜台词。例②中的“乎”、“哉”、“也”都是文言词语，鲁迅先生用在这里，非常生动地表现了旧知识分子那种迂腐可笑的性格。例③是毛泽东同志在《矛盾论》中的一段话，它用“生死”、“上下”、“祸福”这三组反义语等构成的合成词，揭示了事物之间相互联系又相互对立的关系。

炼字的过程是一个综合运用言语技巧的过程，选用何种词语，要考虑多方面的因素。

1. 声音优美

炼字要选用上口、中听、声韵优美的词语，充分表现言语的音乐美。以适应情调、增强表达效果。古人在诗文中有运用“响字”的讲究，这有两层意思：一是声音响亮，二是意活。这体现了内容与形式的统一。如贾岛的“鸟宿池边树，僧敲月下门”。是用“推”好，还是用“敲”好？这首诗是诗人月夜回寺推门进屋时吟成的，诗人反复体验“推”和“敲”这两个动作，仔细比较后选定一个“敲”字。“敲”当然要比“推”好，从所谓的“响字”上来分析：①“推”属十灰韵，为合口呼，“敲”字属三肴韵，开口呼，理当择其响者而用之。②从意义上看，“敲”不仅传达诗人的动作，而且传达出这个动作发出时“咚咚”的响声，衬托出万籁俱静。

2. 确切合理

确切合理是言语表达的立足点，有了合理的内容，没有确切的言语，往往会以辞害理，以辞害意。清代戏剧理论家李渔说：“琢句炼字，虽贵新奇，亦须新而妥，奇而克，妥与确，总不越一理字，欲望句之惊人，先求理之服众”。(《窥词管见》)，李渔的意思是说，用字贵“新奇”，但须注意“妥”与“确”，“妥”

与“确”建立在合理的基础上。

合理的内容是先决条件，确切的言语表达是否合理是关键，两者相辅相成。通过貌似不合理的言语来表达极合理的因素，这正是言语艺术的魅力所在。“云破月来花弄影”表面看来是不合理的，月亮怎么会破？又怎么会被云弄破？花儿又怎会戏弄自己的影子呢？可是当一丝浮云缠在月亮上，遮住部分月亮时，月亮好像破了一样，但大部分却依然明亮，所以花才有影，花儿在明媚的月光下，在微风中摇曳，花影也随之摇曳起舞，不正像花儿在逗弄自己的影子吗？这句诗把静物动写，在特定的情境中，用字显得合理确切。

3. 形象鲜明

“红杏枝头春意闹”是宋祈《玉楼春》里的诗句。《玉楼春》描绘的是春的景色，一个“闹”字，使景物从静态变成了动态，从无声变成了有声，从平面变成了立体，给人以春风扑面、春意盎然、一片欣欣向荣的鲜明形象。王国维在《人间词话》中曾赞叹“着一闹字而境界全出”。宋祈也因此而被后人誉为“红杏枝头春意闹尚书”。

4. 适应情境

炼字并不是搜求那些艳丽、奇特、冷僻、深奥的字眼，它妙就妙在把极普通的字放到特定的情境中便能传神，这是“炼字”的功力所致，这也并非刻意模仿雕饰所能企及的。如：

一天，财迷同一位朋友去散步，不慎掉进河里。路人见了，连忙伸出手对他说：“把手给我！”谁知财迷听了，只把头往上浮了一下，说什么也不把手伸出来，那人又喊了一次，仍然是这样……。

这时纳斯雷丁路过这里，连忙对财迷说：“我的手快拿去！”

这一回，财迷反应很快，连忙伸出手来，让纳斯雷丁拉上岸来。纳斯雷丁对大家说："那落水的财迷你叫他'给'，他不会理你，你叫他'拿'，他比谁都快！"

纳斯雷丁用"拿"代替"给"，收到了明显的效果。"拿"和"给"都是极其普通的字眼，在特定的情境中显得情趣无穷。

炼字，作为锤炼言语的方法，有着悠久的历史，在运用炼字法时，除了要考虑"声音优美"、"确切合理"、"形象鲜明"、"适应情境"之外，还要注意避免重复、顾及篇章、体现风格。运用炼字法时，没有"二句三年得"的精神，决不会有"一吟双泪流"的效果。古人所谓"一字千金"并非过分，前人对于点题之字，总是呕心沥血，千锤百炼的。

【辨析】

拆字、叠字、炼字

"字"是个传统概念，它包括今天的字和词。但是拆字除了合体字可以"化形拆字"外，为了表达需要，也可以把合成词临时拆开使用，有人称之为析词。如，既不"贫"又不"农"（并不贫穷，也不务农）、谦而不虚、狂而不妄。这里的析词比语法上讲的"离合词"（理了一次发、洗了一回澡、发了一次疯等）要宽泛，也比"离合词"生动形象。叠字可以是字的重叠，也可以是词的重叠。炼字的"字"，其范围比较宽泛，有人认为炼字的"字"是指词句，而事实上"字"的范围不能太广，因为"句"不能包含于"字"，而词可以。

图示 通感 摹写

图示

所谓图示是指在言语表达中，有些事物难以用文字表达清楚，就让符号、图形、字形、拉丁字母等直接参于言语表达。如用 \$ 表示美元，￥表示人民币等。

图示法可以分为四种类型：符号示意法、图形示意法、字形示意法、拉丁字母示意法。

1. 符号示意法

符号示意法是利用现成的、人们所熟悉的符号来表达意思。如：

“被动的 + 主动的 + 自觉自愿的（怕老婆）= 模范丈夫”，就是日常生活中的可能出现的玩笑话。（何炳章《“模范丈夫”格调不高》）

这里作者连用了“+”和“=”两种符号，组成一个数学计算的形式，用来评论电影《模范丈夫》中所赞扬的“模范丈夫”不具有典型性，以这样的“怕老婆”作为讴歌的对象，立意太浅。

又如，黄宗英在《固氮蓝藻》中有一段文字：

过核桃垭。停车，司机小憩，准备越天险。真是山高一丈，冰厚一分，指路标又纷至沓来：

N——大转弯。

）（——屏息擦过摩天岭。

▲——溜过羊子岩。

这段文字用路标符号，形象地描绘了山路的崎岖险恶，给读者以深刻的印象。

2. 图形示意法

图形示意法是利用图像或简单的图案来表达意思。如曲波《林海雪原》中有一段文字：

第三天的下午，三个小组陆续回来，小董先报告了他的路线，剑波根据他的报告在地图上标了一个8字的蓝线条。接着在刘勋苍、孙达得报告后，他又标上了不同角度的两个8字线条，三个8字线条加起来，形成一朵C形的花。此时小分队的位置已在正北那个8形的红点处。

这里的“8”和“C”是图形示意，少剑波用它来标记周围的环境和小分队的位置。

3. 字形示意法

字形示意法是利用文字的形貌来表达意思。如：

①正屋和锅屋有一堵墙合用，这两间屋形成了“丁”字形。（卢群《有这么一个地方》）

②他们登完了石级转一个弯便到了钓台，那是用石头造的，临湖一带“亚”字栏杆，栏杆前面是一长排石凳。（巴金《春》）

例①中的“丁”字，清楚地告诉读者正屋和锅屋的方位，为故事情节的展开提供了极大的指示作用，减少了许多文字表述。例②中的“亚”字，形象地勾勒出钓台临湖一带栏杆的形貌，简洁明了。

4. 拉丁字母示意法

以字示意时，所用的汉字都是一些醒目的笔划少的字体。但是也有用拉丁字母来示意的。如：

1958 年，尼克松拜访丘吉尔时，这位七十九岁高龄的英国前首相已是步履艰难，不得不借助于两名助手的搀扶。尼克松写道：“他看上去像具僵尸”。然而他坚持把尼克松送到门口。“当到前门时，我们被耀眼的摄影灯光照得睁不开眼睛。丘吉尔下腭猛向前伸去，目光灼灼，举起双手做了一个人们所熟知的象征胜利的“V”形手势。”

因无法用言语来描述丘吉尔的手势，这里用拉丁字母“V”来图示，言简意明。

用来图示的符号、图形、字形、拉丁字母等在言语表达时不是可有可无的，而是言语作品的有机组成部分。图示法的特点和作用是：①醒目，有极强的直观性和形象性。②节省文字。③可表达复杂的事理。

图示不同文字画：文字画只是一种图画，是指早期的象形文字，这种文字保存着较为浓厚的图画色彩；图示除了有图形、符号、字形、拉丁字母等，还常常伴随着文字说明，图示法往往是为了使表达简洁，直观可感。

通感

通感又叫“移觉”，是将人的听觉、视觉、嗅觉、味觉、触觉等不同感觉互相沟通，彼此挪移转换，将本来表示甲感觉的词语移用来表示乙感觉，通过“以感觉写感觉”，使意象更为活泼。在通感中，颜色似乎会有温度，声音似乎会有形象，冷暖似乎会有重量。比如“光亮”，也说“响亮”，仿佛视觉和听觉相通，如“热闹”和“冷静”，感觉和听觉相通。用现代心理学或语言学的术语来说，这些都是“通感”。

通感根据不同的标准可以有不同的分类。

1. 根据声与行的交互关系分类

(1) 听声类形。听声类形是说声音感动于人，令人联想到它的形状。如：

我在朦胧中，又隐约听到远处的爆竹声联绵不断，似乎合成一天音响的浓云。(鲁迅《祝福》)

音响是用听觉器官来感受的，而作者却把这听觉的感受形容成“音响的浓云”，使读者对新年的祝福爆竹声不仅能听到，而且还能见到。借此，把祥林嫂在祝福声中悲惨死去的气氛烘托得愈见凄凉。

(2) 见形类声。

这方场中的建筑节奏其实是和谐不过的。(高中语文课本第六册《威尼斯》)

古希腊裴斯顿波赛冬的神庙，给人印象最深的是四周廊间整齐围绕着的三十六根粗大的柱子，如低音乐器演奏的节律，宏大、深沉、庄严。(孙汝建《建筑是冻结的音乐》)

许莱格尔曾经把建筑比作冻结的音乐。(孙汝建《建筑是冻结的音乐》)

这种对称协调的建筑形成了结构严密、崇宏精丽的立体空间，宛如一首和谐的立体交响曲。(孙汝建《建筑是冻结的音乐》)

(3) 听声类声。

月光是隔了树照过来的，高处丛生的灌木，落下参差的斑驳的黑影；弯弯的杨柳的稀疏的倩影，却又像是画在荷叶上。塘中的月色并不均匀；但光与影有着和谐的旋律，如梵婀玲上奏着的名曲。(朱自清《荷塘月色》)

这是听觉与听觉的相通。因为“梵婀玲”(小提琴)有着高低起伏的音律和轻重缓紧的节奏，拉得好，旋律就悦耳动听；光和影也有疏密起伏和轻重浓淡之分，调得好，色彩就悦目动人。但是，光和影是否和谐相称，是很不容易传达的；琴声是否和谐好听，却是可感可辨的。所以，作者利用听声类声，产生感觉转移的修辞效果。

大弦嘈嘈如急雨，小弦切切如私语；嘈嘈切切错杂弹，大珠小珠落玉盘；间关莺语花底滑，幽咽泉流水下滩。水泉冷涩弦凝绝，凝绝不通声渐歇。别有幽愁暗恨生，此时无声胜有声。银瓶乍破水浆迸，铁骑突出刀枪鸣。曲终收拨当心画，四弦一声如裂帛。(白居易《琵琶行》)

这里用急雨声、私语声、珠落玉盘声、莺语声、幽咽泉声、银瓶破裂声、刀枪相击声、裂帛声来比琵琶声，是以声类声。

(4) 听声类形、见形类声、听声类声三者交互作用。

“状若崇山，又像流波，浩兮汤汤，郁兮峨峨。(嵇康《琴赋》)

琴声有时如高山峨峨，有时如水声汤汤。如山是听声类形，如水声是听声类声。

伯牙鼓琴，钟子期听之，方鼓琴而志在太山，钟子期曰："善哉乎鼓琴，巍巍乎若太山"。少选之间，而志在流水。钟子期又曰："善哉乎鼓琴，汤汤乎若流水。"(《吕氏春秋·本味》)

这里说琴声如太山，是听声类形；说琴声如流水声，是听声类声。钟子期说像太山时，心目中有太山的形象；说"汤汤乎若流水"时，耳中既有流水声，眼中也有流水形，所以在以声类声时兼有以声唤起流水形的感觉。

昵昵儿女语，恩怨相尔汝。划然变轩昂，勇士赴敌场。浮云柳絮无根蒂，天地阔远随飞扬。喧啾百鸟群，忽见孤凤凰。跻攀分寸不可上，失势一落千丈强。(韩愈《听颖师弹琴》)

"儿女语"是以声类声，又唤起儿女谈情。"勇士赴敌场"，是以声类形了。浮云柳絮的飞扬，既指琴音的纵横变态，更是以声类形。从百鸟的喧啾到忽见孤凤凰，是类声和类形的结合。

2. 根据感觉相通分类

根据排列组合的原理，"你"、"想"、"我"、"要"四个词会形成以下有意义的组合：

我想要你；你要想我；要我想你；要你想我；我要想你；你想要我；你我想要；我你想要；你我要想；我要你想；你要我想；你想我要；我想你要。

根据眼、耳、舌、鼻、身的官能，人会产生视觉、听觉、味觉、嗅觉、触觉。根据排列组合的原理，通感也可以形成以下组合：

视觉和听觉相通；

视觉和嗅觉相通；

视觉和触觉相通；

听觉和嗅觉相通；

听觉和触觉相通；

嗅觉和听觉相通；

触觉和嗅觉相通。

如：“春之歌”、“摇曳的音调”、“表情冷漠”、“一弯寒月”、“笑得很甜”、“感时花溅泪，恨别鸟惊心”、“歌台暖响，春光融融”、“舞殿冷袖，风雨凄凄”等。再如：

层层的叶子中间，零星地点缀着些白花……微风过处，送来缕缕的清香，仿佛远处高楼上渺茫的歌声似的。（朱自清《荷塘月色》）

“清香”只能用嗅觉来感知，“歌声”只能用听觉来感受，但作者却巧妙地以“高楼上渺茫的歌声”比拟荷的“缕缕清香”，收到了声色俱佳的绝妙艺术效果。

刘鹗在《老残游记》中描写王小玉的演唱效果：

声音初不甚大，也觉入耳有说不出来的妙境；五脏六腑里，像熨斗熨过，无一处不伏贴，三万六千个毛孔，像吃了人参果，无一处不畅快。

王小玉的演唱是听觉可感的形象，却用触觉加以表现，使听觉触觉交织为一，非常生动传神。又如：

唱了十数句之后，渐渐的越唱越高，突然拔了一个尖儿，一线钢丝抛入天际，不禁暗暗叫绝。哪知她于那极高的地方尚能回环转折；几啭之后，又高一层，接连三四叠，节节高起。晃如由傲来峰而西，攀登泰山的景象；初看傲来峰削壁千仞，以为上与天通；及至翻到傲来峰顶，才见扇子崖更在傲来峰上；及到翻到扇子崖，又见南天门更在扇子崖上。愈翻愈险，愈险愈奇。

这段文字以动觉、视觉形容听觉，让听觉、动觉、视觉水乳交融，使读者的联想、想象活跃起来，变抽象而形象，增加了读者对文意的理解。“那王小玉唱到极高的三四叠后，陡然一落，又极力骋其千回百折的精神，如一条飞蝗在黄山三十六峰半中腰盘旋穿插，顷刻之间，周匝数遍，愈低愈细，忽又扬起，像放那东洋烟火，一个弹子上天，随化做千百道五色火光，纵横散乱，这一声起，即有无限声音俱来并发……”。这儿以视觉表现听觉，把王小玉的表演形容得无以复加。

摹写

对人、事、物的声音、颜色、形体、情状的各种感受，加以描绘形容叫摹写或模写。

1. 听觉描摹

你也说喜欢那一首幽幽细细的萨克斯吹奏的曲子。

黎明时，窗外是一片鸟啭，不是吱吱喳喳的麻雀。

妻在房里拍着闰儿，迷迷糊糊地哼着眠歌。

2. 视觉描写

又一个闪，正在头上，白亮亮的雨点紧着落下来。

层层的叶子中间，零星地点缀着些白花。

当她们挣扎着从店里挤出来时，头发已经乱了，满脸倦容。

3. 嗅觉描写

露水和着松脂气息，凉凉，香香的空气，一下子进入我的心田之中，精神为之一振。

风里带来些新翻泥土的气息，混着青草味，还有各种花的香，都在微微润湿的空气里酝酿。

花里带着甜味；闭上眼，树上仿佛已经满是桃儿、杏儿、梨儿！

4. 味觉描摹

原来两人躲在杨桃树下，尽摘下面的果子，一个一个尝，发现都是涩涩苦苦的，没有台北的杨桃汁甜。

这东西看起来很好吃，想不到吃下去，却是一股土腥味，让人反胃。

咖啡的味道有些苦，喝下去，嘴里却残留下一丝甜意。

5. 触觉描摹

冰凉地、光腻地、香嫩地贴上来的，是她的脸。

风轻悄悄的，草绵软软的。

迷蒙的雾气，挟着寒气，丝丝渗进肌肤，无从抵御。

6. 心觉描写

那天我读着这封信，心情鼓荡冲激，就像狂风猛刮下的波涛，汹涌澎湃。（黄丽贞《幸福的女人二十九岁的烦恼》）

小溪儿一跳一跳的向前飞行，流到了河，暖溶溶的流波，闪亮的银波，阳光里微酡，小溪儿笑呷呷的跳入了河，闹嚷嚷的合唱一曲新婚歌。（徐志摩《涡堤孩新婚歌》）

看到溪水"一跳一跳"，触及溪水之"暖溶溶"，听到溪水"笑呷呷"、"闹嚷嚷"，为感觉印象综合的摹写。

【辨析】

1. 图示与通感

所谓图示是指在言语表达中，有些事物难以用文字表达清楚，就让符号、图形、字形、拉丁字母等直接参于言语表达，是外在的、可见的；通感是“以感觉写感觉”，在描述客观事物时把人的听觉、视觉、嗅觉、味觉、触觉等不同感觉互相沟通，彼此挪移转换。通感是内在的、可感的。

2. 摹写与通感

摹写是对听觉、视觉、嗅觉、味觉、触觉等不同感觉的摹写或模写；通感是听觉、视觉、嗅觉、味觉、触觉等不同感觉互相沟通，是“以感觉写感觉”。

列锦示现

列锦

枯藤老树昏鸦，小桥流水人家，古道西风瘦马。夕阳西下，断肠人在天涯。（马致远《天净沙·秋思》）

这首小令，连用九个常见名词构成了一幅秋天傍晚萧瑟苍凉的图画，表现出天涯游子的彷徨愁苦的心境。枯藤攀缠，老树衰颓，昏鸦瑟缩，万物肃杀，了无生机，此句既是工笔实景，又是铺陈心绪。面对如此凄清之情境，羁旅天涯的游子如何不赶归途啊！然而古道坎坷漫长，秋风萧瑟凄冷，坐下瘦马如柴，归家的路途还迢迢千里……诵读至此，游子思乡盼归的哀伤之情怎不让人肝肠寸断、潸然泪下！一曲小令既非清词丽句，也无奇崛境象，仅几个简单的名词组合，却让人咀嚼不已，百感交集。

像这种将几个名词或名词性短语排列起来用奇特的句式构成画面的修辞手法就是列锦。句中没有谓语成分，却能表达复杂的思想感情，多角度地描绘事物。谭永祥先生在《修辞新格》（暨南大学出版社增订本1996）中说："古典诗歌作品里面，有一种颇为奇特的句式，即以名词或以名词为中心的定名结构组成，里面没有形容词谓语，却能写景抒情；没有动词谓语，却能叙事述怀，这种语言现象……我们把它叫做'列锦'。"

例如"落叶他乡树，寒灯独夜人"（马戴《灞上秋居》），"乱山残雪夜，孤烛异乡人"（崔涂《除夜有作》），"燕子来时新社，梨花落后清明。池上碧苔三四点，叶底黄鹂一两声"（晏殊《破阵子》），"烟柳画桥，风帘翠幕，参差十万人家"（柳永《望海潮》），等等。

构成列锦的心理基础是联想。诗人常常借助事物之间的某种联系，将几个相互关联的词语罗列起来，构成意象的组合与叠加，营造特定的情景和境界，让读者去感知画面之间的流动和联系，从而把握作者所描绘的复杂事物和抒发的复杂情怀，窥斑见豹，见木思林。

如宋代词人贺铸的《青玉案》中的妙句："试问闲愁都几许？一川烟草，满城风絮，梅子黄时雨。"这组佳句，借用相似联想，连用三喻，将本是无情之物的风雨草絮进行诗人独特的审美加工，而后叠加复合，以实拟虚，把作者纷乱的愁情形象生动地描摹出来。整个句子就由三个名词性短语设喻而成，通过内在的愁思将三个各自独立的意象、三个不同的画面巧妙地组合起来。将主观的情绪、心境移注到审美客体上，使无情之景物人格化、情感化；反过来，又通过读者的想象、赏鉴、品味，起着烘托、渲染、强化主体的作用。

同样，温庭筠的《商山早行》中也有这样的佳句："鸡声茅店月，人迹板桥霜。"全句由十个纯名词构成六个意象，叠映出商山黎明之前的一幅完整的画面：残月高悬，雄鸡清声，茅房客舍，思归心切的客人早早地起来赶路，谁料，板桥横渡，冷霜冽冽，一行足印，真是“莫道君行早，更有早行人”了。整句诗仅由叠加的六个意象来突出“早行”二字，不着一闲词，尽得“早”之风流韵味。正如李东阳《怀麓堂诗话》所言：“二句中不用一二闲字，止提掇出紧关物色字样，而音韵铿锵，意象具足，始为难得。”

在古代诗词中诸如此类的佳言妙句还很多，像“七八个星天外，两三点雨山前”（辛弃疾《西江月》），“杨柳岸，晓风残月”（柳永《雨霖铃》），“楼船夜雪瓜洲渡，铁马秋风大散关”（陆游《书愤》）等。

但值得注意的是，运用列锦修辞方法不是古典诗词的独有现象，古代其他文体和现代作品中也时可看见，如“巍巍天山，浩浩长江；骏马西风塞北，杏花春雨江南；故园的竹篱茅舍，童年的如豆青灯……”（袁鹰《〈海天·岁月·人生〉序》）运用列锦辞格的语句除了其自身的辞格特点和修辞效果外，还往往与比喻、对仗、排比、借代等叠用，以增强表达的效果。因此，在赏鉴时就需要我们仔细地去咀嚼品评。

示现

利用想象力，将过去、未来或无法亲眼目睹的事物，凭借文字的描述，呈现在读者的面前，就称为示现。示现可分为追述示现、预言示现、悬想示现三种。

1. 追述示现

追述示现是将过去发生的事物，凭借想象力追叙描写出来。如：

①读到此处，在晶莹的泪光中，又看见那肥胖的青布棉袍，黑布马褂的背影。（朱自清《背影》）

通过对父亲背影的追述，直接抒发对父亲的怀念之情，余音袅袅，情思绵绵，让人回味无穷。

②“在家时你干什么？”“帮人拖毛竹。”我朝他宽宽的两肩望了一下，立即在我眼前出现了一片绿雾似的竹海，海中间，一条窄窄的石级山道，盘旋而上。一个肩膀宽宽的小伙，肩上垫了一块老蓝布，扛了几枝青竹，竹梢长长的拖在他后面，刮打得石级哗哗作响……这是我多么熟悉的故乡生活啊！（茹志鹃《百合花》）

从小战士的话语中勾起了对故乡生活的深深怀念，把人物的思想感情形象地再现了出来，字里行间倾注着人物的深情。让读者感到如见其人。

③在初夏阳光渐暖时，你去买一支小船，划去桥边荫下躺着，念你的书或是做你的梦，槐花香在水面上漂浮，鱼群的唼喋声在你的耳边挑逗。（徐志摩《我所知道的康桥》）

这一段文字其实只是作者追述自己的经验罢了，但他却要你去买一支小船，去桥边荫下躺着，念你的书，做你的梦，去闻槐花的香味，去听鱼群的唼喋声。这是触觉、视觉、嗅觉、听觉多方面的追述示现，十分引人入胜。

2. 预言示现

预言示现是把未来的事情说得彷佛发生在眼前一样。如：

①君问归期未有期，巴山夜雨涨秋池；何当共剪西窗烛，却话巴山夜雨时。（李商隐《夜雨寄北》）

诗人预言在某个晚上，夫妻团聚了，同坐在家中的西窗下，侃侃而谈。谈到今夜的情景，说异乡的思归，说接到信后的感受……由于谈得久了，所以一次次剪去了烛花。诗人将想象与现实交织在一起，真切地写出了远地相离者的心情。

②多情自古伤离别，更那堪冷落清秋节！今宵酒醒何处？杨柳岸，晓风残月。（柳永《雨霖铃》）

诗人想象出“杨柳、风、残月”这三种最能触动离愁别绪的意象来预言酒醒的场景，遂成为千古名句。

3. 悬想示现

悬想示现是把想象的事物说得好像真的在眼前一般，与时间的过去或未来无关。如：

①我在这里吃雪，正是为了我们祖国的人民不吃雪。让他们可以坐在挺豁亮的屋子里，泡上一壶茶，守着个小火炉子，想吃点什么就做点什么。（魏巍《谁是最可爱的人》）

通过悬想祖国人民温馨的生活图画，表现了战士们朴实的信念追求，以及他们对祖国人民的爱。

②独在异乡为异客，每逢佳节倍思亲。遥知兄弟登高处，遍插茱萸少一人。（王维《九月九日忆山东兄弟》）

诗人悬想：远在故乡的兄弟们今天登高时身上都佩上了茱

萸，却发现少了一位——诗人不在内。好像感到可惜的不是自己，而是故乡的兄弟；不是自己因未能和故乡的兄弟们共度佳节而遗憾，反倒是兄弟们佳节未能与自己团聚而遗憾。不说自己在想念故乡的兄弟，反过来说故乡的兄弟们在佳节挂念自己，这正是对“倍思亲”感情的深化。

【辨析】

列锦与示现

将几个名词或名词性短语排列起来用奇特的句式构成画面，没有形容词谓语，却能写景抒情；没有动词谓语，却能叙事述怀，构成列锦的心理基础是联想。人们常常借助事物之间的某种联系，将几个相互关联的词语罗列起来，构成意象的组合与叠加，营造特定的情景和境界，让读者去感知画面之间的流动和联系，从而把握作者所描绘的复杂事物和抒发的复杂情怀，窥斑见豹，见木思林；示现格可分为追述示现、预言示现、悬想示现，是利用想象力将过去、未来或无法亲眼目睹的事物，凭借文字的描述，呈现在读者面前。

设问 反问

设问

设问是为了强调某部分内容，故意先提出问题，明知故问，自问自答。正确运用设问，能引人注意，启发思考；有助于层次分明，结构紧凑；可以更好地描写人物的思想活动；突出某些内容，使文章起波澜，有变化。

1. 设问常见的类型

（1）疑问（悬问）：设问可能心中确有疑问者（答案不知道）。如：

这个世界，究竟有什么是永久的，又有什么是值得认真的呢？（琦君《髻》）

（2）激问：内心已有定见，为激发本意而发问（答案在问题的反面）。如：

把功利实用的效果用在宗教上，如何可能保持它的正信呢？（傅佩荣《欲望与迷信》）

（3）提问：内心已有定见，为提起下文而发问（答案在问题的后面）如：

什么是路？就是从没有路的地方踏出来的，从只有荆棘的地方开辟出来的。（鲁迅《生命的路》）

2. 设问几种常见的用法

（1）可以用作文章的标题，这样做能吸引读者，启发读者思考，更好地领会文章的中心思想。

（2）有时用在一段或一节文章的开头或结尾，能起到承上启下的过渡作用。

（3）在说理的文章中为了使论证深入，在关键性的内容上通过设问说理。设问有时也可以构成一个结构段，也可能是一个过渡段落。如：

今天是八月一日，我们在这里开追悼大会。为什么要开这样的追悼会呢？因为反动派杀死了革命的同志，杀死了抗日的战士……什么人杀死的？军队杀死的。军队为什么杀死了抗日战士？军队是执行命令，有人指使军队去杀的。什么人指使军队去杀？反动派在那里指使。（毛泽东《必须制裁反动派》）

这是该文的第一段，一连串的设问，犹如层层剥笋，将人们的义愤集中到了反动派身上，突出了文章的主旨。

在约瑟夫·布朗的《是地球，还是水球》一文中："这'另一个世界'在哪里？它不难寻找，它覆盖着大部分地球，它就是海洋。"

这个设问构成一个过渡段，在文中起到承上启下的作用。

3. 设问的主要形式

（1）一问一答式。即提出一个设问句，紧跟着是一个答句。这种设问能迅速集中读者注意力。

（2）几问一答式。即先集中提出一连串设问句，然后集中加以回答。这种设问，能增强论辩力量，引人深思。

（3）连续问答式。即连续地使用一问一答式，这种设问能造成一种步步紧逼、势不可挡之气势，具有强大的论辩力量。如：

问—答：谁是最可爱的人呢？我们的战士，我觉得他们是最可爱的人。（魏巍《谁是最可爱的人》）

两问并列：老岩不是要在南方过年么？为什么提前回来了？一推门，我就看到了一个奇迹：一把褐色的样式古朴的陶土瓦壶，在蜂窝炉上咝咝地冒着水汽。（叶文玲《心香》）

四问并列：她像一只轻捷的小鸟一样飞走了。她刚一走，我就后悔了。晚上，校门口……这不明明是约会吗？万一让人看见了还讲得清楚？她怎么敢？到底有什么事呢？对了，一定是想把那张照片要回去，可是照片还在吕宏手里哩！（张抗抗《夏》）

两个问答并列：啊，是谁，这么早就把那亲爱的令人心醉的乡音送到我的耳畔？是谁，这么早就用他那吱吱哇哇的悦耳动听的音乐唤来了玫瑰色的黎明？是一个青年人。（峻青《乡音》）

三个问答并列：蒋介石总是要强迫人民接受战争，他左手拿着刀，右手也拿着刀。我们就按照他的办法，也拿起刀来。这是经过调查研究以后才找到的办法。这个调查研究很重要。看到人家手里拿着东西了，我们就要调查一下。他手里拿的是什么？是刀。刀有什么用处？可以杀人。他要拿刀杀谁？要杀人民。（毛泽东《抗日战争胜利后的时局和我们的方针》）

设问是自问自答。要求问句和答句要贴切，不能答非所问；设问句应用在描写、议论、抒情的前面，以提醒读者，引起下文；设问句要用在节骨眼上，不需要强调时就不要问。

反问

反问是用疑问的形式表达确定的意思，反问是为了加重语气，只问不答，答案暗含在反问句中，让人们从反问句中领会到表达者的真意。反问可以加强语气，发人深思，激发读者感情，加深读者印象，增强文中的气势和说服力，为文章奠定一种激昂的感情基调。反问也叫激问、反诘、诘问。反问有以下四种类型。

1. 用肯定形式表否定的内容

太阳会从西边出来吗？

难道五个指头一样长？

2. 用否定形式表肯定的内容

池水涟漪，莺花乱飞，谁能说它不美呢？（郭沫若《习习谷风》）

在我们的记忆中，这样的无名英雄不是还很多吗？（峻青《黎明的河边》）

3. 用肯定与否定相重叠的形式表示反问

你知不知道他已经生病住院？

你或者要说：这几万万人差不多都不读书。那么，我反问你一句：你看不看见小茶馆里有人在听书？”（瞿秋白《乱弹 · 吉诃德的时代》）

4. 集中反问或连续反问

反问句也可以用集中反问或连续反问表达激动的感情，以增强文章感染力。如：

声音是不太好听，有点沙哑，有点毛毛刺刺的。可是公开教学课难道是上台表演吗？嗓子不好的人，就只能躲在树林子里读他喜欢的课文吗？京京心里难受极了。（黄蓓佳《心声》）

【辨析】

设问与反问

设问和反问都是用问句的形式表达的，两者都是无疑而问。但是两者有明显的区别：设问不表示肯定什么或否定什么，反问明确地表示肯定或否定。设问主要是提出问题，引起注意，启发思考；反问主要是加强语气，用确定的语气表明作者自己的思想。设问是自问自答，有问有答，答在问外，反问寓答于问，有问无答。

呼告 省略 互文

呼告

呼告又称“顿呼”、“突呼”，对于正在叙述的事情，忽然改变平叙的口气，而用对话的方式来呼喊。将本来不在眼前的人或物，就当作就在眼前，直接向他（它）呼唤、倾诉，这叫作呼告，可把它分为呼人、呼物两种形式。呼告往往和比拟、示现结合在一起，带有比拟和示现的性质，所以陈望道《修辞学发凡》把呼告分为比拟呼告和示现呼告。

1. 比拟呼告

比拟呼告又叫人化呼告，所呼告的“物”带有人性化的性质。也就是将物拟作人，然后直接与它说话。如：

船呀！我知道你不问前途，尽直奔那逆流的方向。（康白情《送客黄浦》）

震荡的车里，我只向后攀着小圆窗看看。弯曲的道儿，跟着车走来，愈引愈长。树木，村舍，和田陇，都向后退曳了去，只有西山峰上的晚霞不动。车里，她们捉对儿谈话，我和晚霞谈话。——“晚霞，我不配和你谈心，但你总可容我瞻仰。”（冰

心《往事·十二》)

你，你东君，你是什么个东君？别人说你是太阳神，你，你坐在那马上丝毫也不能驰骋。你，你红着一个面孔，你也害羞吗？啊，你，你完全是一片假！你，你这土偶木梗，你这没心肝的，没灵魂的，我要把你烧毁，烧毁，烧毁你的一切，特别要烧毁你那匹马！你假如是有本领，就下来走走吧！（郭沫若《屈原》）

“东君”是传说中的一种神，文中的“东君”是一个土木偶像。屈原被上官大夫陷害，囚禁在东皇太一庙时，那里就有东君的神像。屈原无辜被诬陷，内心很悲痛，却又无可奈何，便借这土偶木梗来发泄心中的愤怒，满腔怨气地指斥土偶木梗，诅咒昏庸腐朽的当权派。这种将物当作人，把事物人格化，直接对它指责，向它怒吼，和它说话，将诗人的悲愤感情淋漓尽致地表现出来的呼告，便是比拟呼告。

2. 示现呼告

示现呼告是把不在面前的人或者物，当作在眼前般呼告，带着示现性质。

(1) 呼告面前的人。

儿离开你已有十八年了呀！十八年了呀！父亲啊！父亲！（季季《属于十七岁的》）

女郎，单身的女郎，你为什么留恋这黄昏的海边？

女郎，回家吧，女郎！（徐志摩《海韵》）

(2) 呼告面前的物。

硕鼠！硕鼠！无食我黍。（《诗经·硕鼠》）

鼓动吧，风！咆哮吧，雷！闪耀吧，电！（《雷电颂》）

天啊！为什么你要这样对我？

秋，听说你已来到。

省略

在不影响语义表达的情况下，古今汉语往往都可以省略某些成分，使语言更加简洁、精练。古代汉语的省略现象比现代汉语更多更复杂。

1. 主语的省略

（1）对话省。

公曰："小大之狱，虽不能察，必以情。"[ ] 对曰："[ ] 忠之属也。"（《左传·庄公十年》）——鲁庄公说："大大小小的诉讼案件，即使不能一一详细地审理，但一定要实事求是。"[曹刿] 答道："[这] 算是忠于职守的这一类情形了。"

（2）承上省。主语承上省略，一般有承上主语的省略和承上宾语的省略两种情形。

①承上主语的省略。秦无亡矢遗镞之费，而天下诸侯已困矣。于是 [ ] 从散约败，争割地而赂秦。秦有余力而制其弊，追亡逐北，[ ] 伏尸百万，流血漂橹；[ ] 因利乘便，宰割天下。（贾谊《新书·过秦论上》）——秦国没有损失一支箭一个箭头的耗费，可是天下诸侯各国就已经疲困不堪了。于是 [天下诸侯国] 的合从解散了，盟约失败了，争相割地而贿赂秦国。秦国有足够的力量来利用他们的弱点，追逐败逃的军队，[灭天下诸侯国] 死亡的军队以百万计算，血流成河，可以把盾牌都浮起来。[秦国] 便乘着这胜利的形势，统治天下。

②承上宾语的省略。永州之野产异蛇，[ ] 黑质而白章。[ ] 触草木，[ ] 尽死。（柳宗元《捕蛇者说》）——永州的野地里出产一种奇异的蛇，[蛇] 黑色的底子，白色的花纹。

[这种蛇] 触到了草木，[草木] 都要枯死。

(3) 蒙下省。

七月 [ ] 在野，八月 [ ] 在宇，九月 [ ] 在户，十月蟋蟀在我床下。(《诗经·豳风·七月》)——七月 [蟋蟀] 在野地里，八月 [蟋蟀] 在屋檐下，九月 [蟋蟀] 在门内，十月蟋蟀便进到我的床底下了。

(4) 第一人称的省略。这种省略常见于古代的文告、书信、游记等文体中。

浔阳腊月，江风苦寒，[ ] 岁暮鲜欢，夜长无睡。[ ] 引笔铺纸，悄然灯前，有念则书，言无次第，勿以繁杂为倦，且以代一夕之话也。(白居易《与元九书》)——浔阳的腊月，苦于江风的寒冷，[我] 年终很少有欢乐，夜长睡不着觉。[我] 拿起笔铺开纸张，静静地坐在灯前，想到什么就写什么，言语没有个次序，希望您不要觉得它纷繁杂乱而厌倦，聊且用来代替一夜的话语吧！

2. 谓语的省略

一般地说，句子的谓语则是不可以省略的，但是古代汉语里，在一定的语言环境中，动词谓语也往往可以省略。不过这种省略，在古代散文里比较少见，而在古诗词中较为普遍。

(1) 承上省。

一鼓作气，再 [ ] 而衰，三 [ ] 而竭。(《左传·庄公十年》)

然民虽有圣知，弗敢我谋；[ ] 勇力弗敢我杀；虽众不敢胜其主。(《商君书·画策》)——然而臣民们虽然有智慧，不敢暗算他，虽然 [有] 勇力，也不敢杀害他，虽然人数众多，也不敢欺凌他们的君主。

（2）承下省。

杨子之邻人亡羊，既率其党［　］，又请杨子之竖追之。（《列子·说符》）——杨子的邻居走失了羊，既带领他全家的人［去寻找］，又请杨子的仆人去追寻。

（3）诗歌中的省略。

袖中［　］吴郡新诗本，襟上［　］杭州旧酒痕。（白居易《故衫》）——袖筒里［珍藏着］吴郡刊刻的新诗本，衣襟上还［留有］杭州旧时酒痕。

山河破碎［　］风飘絮，身世浮沉［　］雨打萍。（文天祥《过零丁洋》）——国家破碎得就［像］风吹的花絮，身世飘流恰［如］被雨打的浮萍。

3. 宾语的省略

古代汉语省略的宾语往往可以用代词“之”字来代替。例如：

叶公见之，弃［　］而还走。（《新序·杂事》）——叶公看见它，连忙避开［它］，掉头就跑。

屠惧，投［　］以骨，一狼得骨止，一狼仍从［　］。（《聊斋志异·狼三则》）——屠夫很害怕，拿骨头扔给［狼］，一只狼得到骨头以后就停住了，一只狼却仍然跟随着［屠夫］。

4. 兼语的省略

古代汉语里，兼语句中“使”、“令”、“拜”、“召”、“以”等动词后面的宾语，同时又是后面主谓结构的主语，兼语往往可以省略。所省略的兼语一般都见于上文，因此又可以用代词“之”或“其”来代替它。如：

有圣人作，构本为巢，以避群害，而民悦之，使［　］王天下，号之曰有巢氏。（《韩非子·五蠹》）——动词“使”的后面省略了兼语代词“之”，称代圣人有巢氏。

广故数言欲亡，仇恚尉，令［　］辱之以激怒其众。（《史记·陈涉世家》）——动词“令”后面省略了兼语“尉”，或省略了用来代替“尉”的代词“其”。

5. 介词和介词宾语的省略

（1）介词的省略。

故以知王天下者屏刑，［以］力征诸侯者退德。（《商君书·开塞》）

秦军军［于］武安西。（《史记·廉颇蔺相如列传》）

两岸青山相对出，孤帆一片［自］日边来。（李白《望天门山》）

（2）介词宾语的省略。介词“以”“与”“为”等的宾语，往往由于上文曾经出现过省略。所省略的宾语一般也可以用代词“之”“其”等字来代替。

①介词“以”的宾语的省略。衣食所安，弗敢专也，必以［　］分人。（《左传·庄公十年》）——介词“以”的后面省略了宾语代词“之”，当“它们”讲，称代“衣食”。

陈胜起山东，使者以［　］闻。（《史记·刘敬叔孙通列传》）——介词“以”的后面省略了宾语代词“之”，指“陈胜起山东”这件事。

②介词“与”、“从”的宾语的省略。拘礼之人，不足与［　］言事，制法之人不足与［　］论变。（《商君书·更法》）——介词“与”后面省略了宾语代词“之”，分别称代“拘礼之人”和“制法之人”。

项伯乃夜驰之沛公军，私见张良，具告以事，欲呼张良与［　］俱去，曰：“毋从［　］俱死也。”（《史记·项羽本纪》）——介词“与”后面省略了宾语代词“之”，当“他”讲，称代项伯。介词“从”后面省略了宾语“沛公”，或省略了用来称代“沛公”的代词“其”。

③介词“为”的宾语省略。良曰：“沛公自度能却项羽乎？”沛公默然良久，曰：“固不能也，今为［ ］奈何？”（《史记·留侯世家》）——介词“为”后面省略了宾语代词“之”，当“此”或“这个”讲，指沛公不能抵挡项羽这件事。

于是秦王不怿，为［ ］一击缻。（《史记·廉颇蔺相如列传》）——介词“为”后面省略了宾语“赵王”。

6. 定语和定语中心词的省略

（1）定语的省略。古代汉语人称代词作定语，有时可以省略。如：

而［ ］乡邻之生日蹙。（柳宗元《捕蛇者说》）——省略的定语是第一人称代词“吾”，作“我的”讲，是捕蛇者自称。

以［ ］残年余力，曾不能毁山之一毛，其如土石何？（《列子·汤问》）——省略的定语是第二人称代词“汝”，当“你的”讲，称代愚公。

傅迁在左右，尤倾斜，上免［ ］官，遣归故郡。（《汉书·孔光传》）——省略的定语是第三人称代词“其”，当“他的”讲，称代傅迁。

人称代词做定语，第三人称省略的居多，第一、二人称省略的较少，而且凡省略的定语，一般都见之于上文。

（2）定语中心词的省略。

赏必加于有功［ ］，刑必断于有罪［ ］。（《史记·范雎蔡泽列传》）——“有功”即有功的人，“无罪”即无罪的人，省略了指人的中心词。

行一不义［　］，杀一无罪［　］，而得天下，仁者不为也。(《荀子·王霸》)——“不义”即不义之事，省略了指事的中心词。“无罪”即无罪的人，省略了指人的中心词。

有时省略的中心词，可以用助词“者”来代替。如：

沛今共诛令，择可立［　］立之。(《汉书·高帝纪》)——“可立”即可立的人，《史记：高祖本纪》作“择子弟可立者立之”。

择羌人可使［　］使罕，告谕以大军将至。(《汉书·赵充国传》)——挑选羌人当中可以出使［的人］派到罕去，告诉罕的首领，汉的大军就要到达。——“可使”即“可使者”，可供出使的人。

7. 分句主语的省略

复句中分句主语的省略，是较为常见的语言现象。

（1）前一分句的主语往往是蒙后一分句的主语而省略。如：

当遇到一个光滑的物体，它就会被反射回来。

“当”是个连词，“遇到”前面蒙后一分句的主语而省去一个“它”字。

（2）后一分句的主语省略有这样几种类型：

①承前一分句的主语而省。如：

我们不能用行政命令去消灭宗教，(我们）不能强制人们不信教。

后一个分句中的“我们”承前一分句的主语而省略。

②承前一分句中的定语而省。如：

只有把镜面转到某一角度，使它反射的光正好进入你的眼睛，(你）才能看到耀眼的光芒。

③承前一分句的宾语而省略。如：

果然，在屋子的墙壁上出现了亭台楼阁和往来车马的图像，(图像）好像一幅绚丽多彩的风景画。

这三种省略都是承前省，它们都有这样的特征：承前省略的部分和被“承”的部分（如：前一分句的主语、前一分句的定语、前一分句的宾语），在概念上是同一的，是纯粹重复的。正因为是纯粹重复的，所以为了表达的鲜明、简洁，而常常将那重复的部分省去。

互文

互文，也叫互辞或互文见义，是古诗文中常采用的一种辞格。古文中对它的解释是：“参互成文，含而见文。”下文的意义互相交错，互相渗透，互相补充。如：

迢迢牵牛星，皎皎河汉女。（《古诗十九首》）

笔落惊风雨，诗成泣鬼神。（杜甫：《寄李十二白二十韵》）

互文有四种类型：单句互文、对句互文、隔句互文、排句互文。

1. 单句互文

所谓单句互文，（即在一个句子中的互文），在同一句子中前后两个词语在意义上交错渗透、补充。如：

朝阴夕晖（范仲淹《岳阳楼记》）

“朝阴夕晖”的意思与“朝晖夕阴”互补，“朝”和“夕”、“晖”和“阴”是互文。

烟笼寒水月笼沙。（杜牧《泊秦淮》）

烟雾笼罩着寒水也笼罩着沙；月光笼罩着沙也笼罩着寒水。如将此句理解为“烟雾笼罩着寒水，月光笼罩着沙”就大错而特错了。

秦时明月汉时关。（王昌龄《出塞》）

从字面上看，是“秦时明月照耀汉时关塞”之意，但这样理解是错误的，也不能理解成“月亮还是秦时的月亮，边关还是汉朝的边关”，而应解释为“秦汉时的明月和秦汉时的边关”。句中的“秦”与“汉”互文，“月”与“关”互文。四个字是交错使用的。秦汉时的明月照耀秦汉时的关塞，明月依旧，关塞依旧，却物是人非，让人感受到战争的残酷和悲怆。

2. 对句互文

对句互文就是对（下）句里含有出（上）句已经出现的词，出（上）句里含有对（下）句将要出现的词，对句出句的意义相互补充说明。如：

开我东阁门，坐我西阁床。（《木兰辞》）

完整的意思是“开我东阁门，坐我西阁床；脱我战时袍，著我旧时裳。”写出了木兰从军十二年凯旋后看到旧物的那种久违的喜悦与激动。

当窗理云鬓，对镜帖花黄。（《木兰辞》）

这两句亦为互文，当窗亮敞、对镜顾影是理云鬓、帖花黄的共同条件，意指“当窗、对镜理云鬓、帖花黄。

将军百战死，壮士十年归。（《木兰辞》）

为什么死去的都是将军，而归来的都是壮士呢？事实上，“将军“和”壮士”、“百战死”和“十年归”是互相渗透、互相说明，这句话的正确理解是：将士们从军十年，经过千百次战斗，有的战死沙场，有的凯旋归来。

3. 隔句互文

隔句互文，是指两句互文之间，有其他句子相隔的互文句式。

十旬休假，胜友如云；千里逢迎，高朋满座。（王勃《滕王阁序》）

这里的“十旬休假”和“千里逢迎”是隔句。“胜友如云”和“高朋满座”是互文。“胜友”“高朋”“如云”“满座”相互交错，补充说明。应理解为：胜友如云，胜友满座；高朋满座，高朋如云。

4. 排句互文

排句互文是说这种互文的句子在两句以上，互相渗透互相补充。如“东市买骏马，西市买鞍鞯，南市买辔头，北市买长鞭”（《木兰辞》）。

互文的特征是“文省而意存”，主要表现在两个方面：一是结构互省；二是语义互补。

【辨析】

1. 呼告与省略

从语言的繁简上来看，呼告是向“繁”发展，是在做“加法”，省略是向“简”发展，是在做“减法”。呼告是将本来不在眼前的人或物，就当作就在眼前，直接向他（它）呼唤、倾诉；省略是在不影响语义表达的情况下，省略某些成分，使语言更加简洁、精练。但两者的表达意图不同，类型不同，效果也不同。

2. 互文与省略

两者都有“文省而意存”的特点。但互文表现为在结构上互省、语义互补；省略的成分在上下文中可以补充，但与其他成分不存在互补关系。

参考文献（按音序排列）

曹石珠著：《形貌修辞学》，湖南师范大学出版社，1996。

陈丛耘著：《人际沟通的社会心理语言学探索》，群言出版社，2007。

陈丛耘著：《现代汉语修辞术》，光明日报出版社，2012。

陈丛耘著：《现代汉语修辞学》，华中科技大学出版社，2013。

陈望道著：《修辞学发凡》，上海教育出版社，1979。

胡裕树主编：《现代汉语》（增订本）下册，上海教育出版社，1993 。

李嘉耀、李熙宗著：《实用语法修辞教程》，复旦大学出版社，1996。

刘焕辉著：《修辞学纲要》，百花洲文艺出版社，1993。

吕叔湘、朱德熙著：《语法修辞讲话》中国青年出版社，1979。

倪宝元主编：《大学修辞》，上海教育出版社，1994。

孙汝建、陈丛耘：《言语技巧趣话》，东南大学出版社，1988。

孙汝建：《修辞与语用学》，黄伯荣，廖序东主编：《现代汉语》（增订五版），高等教育出版社，2011。

孙汝建参编：《大学修辞学》（王德春主编），福建人民出版社，2004。

孙汝建主编:《口语交际艺术》,华中科技大学出版社,2013。

孙汝建主编:《现代汉语》(第三版),南京大学出版社,2013。

孙汝建著:《从言谈举止捕捉交际信息》,中央广播电视大学出版社,2006。

孙汝建著:《汉语的性别歧视与性别差异》,华中科技大学出版社,2010。

孙汝建著:《汉语性别语言学》,科学出版社,2012。

孙汝建著:《汉语语法哲学》,大连理工大学出版社,2012。

孙汝建著:《汉语语用学探索》,中国文联出版社,2001。

孙汝建著:《简明科技汉语》,学林出版社,1987。

孙汝建著:《口语交际理论与技巧》,中国轻工业出版社,2007。

孙汝建著:《社会心理修辞学》,科学出版社,2013。

孙汝建著:《实战情境中的秘书写作》,大连理工大学出版社,2012。

孙汝建著:《现代汉语语用学》,华中科技大学出版社,2013。

孙汝建著:《现代语言学研究》,香港大名出版公司,1998。

孙汝建著:《性别与语言》,江苏教育出版社,1997。

孙汝建著:《修辞的社会心理分析》,上海外语教育出版社,2006。

孙汝建著:《修辞理论与修辞方法》,[韩国]新星出版社,2002。

孙汝建著:《语气和口气研究》,中国文联出版社,1999。

谭永祥著:《修辞新格》,福建教育出版社,1983 年。

王希杰著:《修辞学新论》,北京语言学院出版社,1993。

张弓著:《现代汉语修辞学》,河北教育出版社,1993 。

张炼强著:《修辞》,首都师范大学出版社,1995。

郑奠、谭全基编:《古汉语修辞学资料汇编》,商务印书馆,1980 。

郑子瑜著:《中国修辞学史稿》,上海教育出版社,1984 。

中国华东修辞学会、复旦大学语言文学研究所编:《语体论》,安徽教育出版社,1987。